企业高技能人才职业培训系列教材

城轨信号工
CHENGGUIXINHAOGONG （四级）

编审委员会

主　　任	仇朝东
委　　员	顾卫东　葛恒双　葛　玮　孙兴旺　刘汉成
执行委员	孙兴旺　瞿伟洁　李　晔　夏　莹　叶华平　李　益　杜晓红
主　　编	黄浩强
编　　者	黄浩强　陆国春
主　　审	吴启东

中国劳动社会保障出版社

图书在版编目（CIP）数据

城轨信号工：四级/人力资源和社会保障部教材办公室等组织编写. —北京：中国劳动社会保障出版社，2015
企业高技能人才职业培训系列教材
ISBN 978 – 7 – 5167 – 1804 – 9

Ⅰ.①城… Ⅱ.①人… Ⅲ.①城市铁路-铁路信号-职业培训-教材 Ⅳ.①U239.5

中国版本图书馆 CIP 数据核字（2015）第 057503 号

中国劳动社会保障出版社出版发行
（北京市惠新东街1号 邮政编码：100029）

*

北京北苑印刷有限责任公司印刷装订 新华书店经销
787 毫米×1092 毫米 16 开本 12.25 印张 208 千字
2015 年 3 月第 1 版 2015 年 3 月第 1 次印刷
定价：30.00 元

读者服务部电话：(010) 64929211/64921644/84643933
发行部电话：(010) 64961894
出版社网址：http：//www.class.com.cn
版权专有 侵权必究
如有印装差错，请与本社联系调换：(010) 80497374
我社将与版权执法机关配合，大力打击盗印、销售和使用盗版图书活动，敬请广大读者协助举报，经查实将给予举报者奖励。
举报电话：(010) 64954652

内容简介

本教材由人力资源和社会保障部教材办公室、中国就业培训技术指导中心上海分中心、上海市职业技能鉴定中心、上海申通地铁集团有限公司轨道交通培训中心依据城轨信号工（四级）职业技能鉴定细目组织编写。教材从强化培养操作技能，掌握实用技术的角度出发，较好地体现了当前最新的实用知识与操作技术，对于提高从业人员基本素质，掌握城轨信号工（四级）的核心知识与技能有直接的帮助和指导作用。

本教材以既注重理论知识的掌握，又突出操作技能的培养，实现了培训教育与职业技能鉴定考核的有效对接，形成一套完整的城轨信号工培训体系。本教材内容共分为4章，主要包括信号与信号基础设备、联锁与闭塞、列车自动控制ATC系统、信号电源和电缆。

本教材可作为城轨信号工（四级）职业技能培训与鉴定考核教材，也可供本职业从业人员培训使用，全国中、高等职业技术院校相关专业师生也可以参考使用。

企业技能人才是我国人才队伍的重要组成部分,是推动经济社会发展的重要力量。加强企业技能人才队伍建设,是增强企业核心竞争力、推动产业转型升级和提升企业创新能力的内在要求,是加快经济发展方式转变、促进产业结构调整的有效手段,是劳动者实现素质就业、稳定就业、体面就业的重要途径,也是深入实施人才强国战略和科教兴国战略、建设人力资源强国的重要内容。

国务院办公厅在《关于加强企业技能人才队伍建设的意见》中指出,当前和今后一个时期,企业技能人才队伍建设的主要任务是:充分发挥企业主体作用,健全企业职工培训制度,完善企业技能人才培养、评价和激励的政策措施,建设技能精湛、素质优良、结构合理的企业技能人才队伍,在企业中初步形成初级、中级、高级技能劳动者队伍梯次发展和比例结构基本合理的格局,使技能人才规模、结构、素质更好地满足产业结构优化升级和企业发展需求。

高技能人才是企业技术工人队伍的核心骨干和优秀代表,在加快产业优化升级、推动技术创新和科技成果转化等方面具有不可替代的重要作用。为促进高技能人才培训、评价、使用、激励等各项工作的开展,上海市人力资源和社会保障局在推进企业高技能人才培训资源优化配置、完善高技能人才考核评价体系等方面做了积极的探索和尝试,积累了丰富而宝贵的经验。企业高技能人才培养的主要目标是三级(高级)、二级(技师)、一级(高级技师)等,考虑到企业高技能人才培养的实际情况,除一部分在岗培养并已达到高技能人才水平外,还有较大一批人员需要从基础技能水平培养起。为此,上海市将企业特有职业的五级(初级)、四级(中级)作为高技能人才培养的基础阶段一并列入企业高技能人才培养评价工作的总体框架内,以此进一步加大企业高技能人才培养工作力度,提高企业高技能人才培养效果,更好地实现高技能人才

培养的总体目标。

为配合上海市企业高技能人才培养评价工作的开展，人力资源和社会保障部教材办公室、中国就业培训技术指导中心上海分中心、上海市职业技能鉴定中心联合组织有关行业和企业的专家、技术人员，共同编写了企业高技能人才职业培训系列教材。本教材是系列教材中的一种，由上海申通地铁集团有限公司轨道交通培训中心负责具体编写工作。

企业高技能人才职业培训系列教材聘请上海市相关行业和企业的专家参与教材编审工作，以"能力本位"为指导思想，以先进性、实用性、适用性为编写原则，内容涵盖该职业的职业功能、工作内容的技能要求和专业知识要求，并结合企业生产和技能人才培养的实际需求，充分反映了当前从事职业活动所需要的核心知识与技能。教材可为全国其他省、市、自治区开展企业高技能人才培养工作，以及相关职业培训和鉴定考核提供借鉴或参考。

新教材的编写是一项探索性工作，由于时间紧迫，不足之处在所难免，欢迎各使用单位及个人对教材提出宝贵意见和建议，以便教材修订时补充更正。

企业高技能人才职业培训系列教材

编审委员会

第1章 信号与信号基础设备   PAGE 1

  1.1 信号基础知识 ………………………………………………………………… 3
      1.1.1 城市轨道交通信号的特点和作用 …………………………………… 3
      1.1.2 信号图表的特点 ……………………………………………………… 5
  1.2 信号基础设备 ………………………………………………………………… 7
      1.2.1 各种继电器的工作原理 ……………………………………………… 7
      1.2.2 色灯信号机技术要求 ………………………………………………… 13
      1.2.3 转辙机的工作原理 …………………………………………………… 20
      1.2.4 轨道电路概述 ………………………………………………………… 37
      1.2.5 计轴器、应答器 ……………………………………………………… 46
  理论知识复习题 …………………………………………………………………… 50
  理论知识复习题答案 ……………………………………………………………… 54

第2章 联锁与闭塞   PAGE 55

  2.1 信号联锁 ……………………………………………………………………… 57
      2.1.1 联锁的基本条件 ……………………………………………………… 57
      2.1.2 联锁的种类 …………………………………………………………… 59
  2.2 区间闭塞 ……………………………………………………………………… 62
      2.2.1 区间闭塞概述 ………………………………………………………… 62
      2.2.2 城轨正线闭塞形式 …………………………………………………… 63
  理论知识复习题 …………………………………………………………………… 67
  理论知识复习题答案 ……………………………………………………………… 69

第3章 列车自动控制（ATC）系统   PAGE 71

  3.1 ATC系统的原理 ……………………………………………………………… 73

3.1.1　GRS ATC 系统工作原理 ………………………………………… 73
 3.1.2　USS ATC 系统工作原理 ………………………………………… 76
 3.1.3　Alstom ATC 系统工作原理 ……………………………………… 93
3.2　ATC 系统的功能 ……………………………………………………………… 102
 3.2.1　GRS ATC 系统的功能 …………………………………………… 102
 3.2.2　USS ATC 系统的功能 …………………………………………… 115
 3.2.3　Alstom ATC 系统的功能 ………………………………………… 130
理论知识复习题 …………………………………………………………………… 135
理论知识复习题答案 ……………………………………………………………… 139

第 4 章　信号电源及电缆　PAGE 141

4.1　信号电源概述 ………………………………………………………………… 143
 4.1.1　信号电源屏的要求 ……………………………………………… 143
 4.1.2　不间断电源 UPS ………………………………………………… 156
4.2　信号电缆线路和防雷设备 …………………………………………………… 158
 4.2.1　信号电缆线路种类和分布 ……………………………………… 158
 4.2.2　信号防雷的技术要求 …………………………………………… 160
理论知识复习题 …………………………………………………………………… 164
理论知识复习题答案 ……………………………………………………………… 169

理论知识考试模拟试卷及答案 …………………………………………………… 170
操作技能考核模拟试卷 …………………………………………………………… 179

第 1 章

信号与信号基础设备

学习目标

- ☑ 了解城轨信号的作用。
- ☑ 了解城轨信号的特点。
- ☑ 掌握信号基础设备的工作原理。
- ☑ 掌握信号基础设备的基本要求。

1.1 信号基础知识

1.1.1 城市轨道交通信号的特点和作用

知识要求

列车自动控制（Automatic Train Control，ATC）系统主要实现行车指挥和列车运行自动化，以最大限度地确保列车运行安全，提高运输效率，减轻运营人员的劳动强度，充分发挥城市轨道交通的运载能力。一般包括三个子系统：列车自动监控（Automatic Train Supervision，ATS）、列车自动防护（Automatic Train Protection，ATP）、列车自动运行（Automatic Train Operation，ATO）。

三个子系统通过信息交换网络构成闭环系统，实现地面控制与车载控制结合、本地控制与中央控制结合，构成一个以安全设备为基础，集行车指挥、运行调整及列车驾驶自动化等功能为一体的列车自动控制系统。ATC 系统是对列车运行全过程或一部分作业，实现自动控制的设备的总称，其核心是 ATP 子系统，主要是防止列车超速和越过禁止信号机等功能。ATS 子系统主要位于线路控制中心（OCC），主要实行监督工作，一般是通过网络的形式，和列车进行通信并指挥列车安全运行，信号集中站也具有一定的 ATS 功能，辅助中央 ATS 子系统完成相关功能。ATS 子系统的信息通过轨旁的 ATP 设备传递给列车，列车上的 ATP 设备通过接收的信息，必要时对列车发出限速或超速防护的指令。ATO 子系统则根据这些信息，控制列车的运行、对位停车、开关车门等。

　　城市轨道交通的信号系统中，可以不设地面信号机，而根据车载信号——速度信号和距离信号，自动地控制列车的运行。至于线路上设置的地面信号机，只是对非ATC系统控制的列车，或ATC系统控制的列车在ATC系统失效时，作为列车的运行凭证。总之，信号系统是为保证运输安全而诞生和发展的。信号系统的第一使命是保证行车安全。信号系统还必须满足"故障导向安全"的原则，并且信号系统作为一种实时控制系统，必须十分可靠才能完成它的功能。

　　城市轨道交通的基本任务是安全、准时、高效率、高密度地运送旅客。因此，必须采用可靠的列车运行控制设备来指挥列车的运行，以确保列车的安全运行。从传统的"闭塞、联锁信号设备"，到现代化的ATC系统，是长期实践、经验的积累、技术不断改进和发展的结果。

　　城市轨道交通信号系统是指挥列车安全运行的关键设备，只有在满足列车运行前方的轨道区段没有列车占用、道岔位置正确、敌对或相抵触的信号没有建立等条件时，才允许向列车发出允许前行的信号，所以列车只要严格遵循信号的指示运行，就能够确保列车的安全运行；反之，如果列车不遵循信号的指示运行，将导致事故。因此，信号系统担负着确保运输安全的重要使命，有了信号系统的保障，可以杜绝和减少列车运行事故。

　　信号设备在城市轨道交通建设中的投资尽管很少，但是对于提高行车效率起着极其重要的作用。在城市轨道交通中，由于采用了先进的信号系统，可以缩短列车运营间隔和停站时间，提高行车密度；根据设定的列车运行时刻表，自动、安全地指挥列车按列车运行图运行。据有关资料统计，复线自动闭塞系统，可以提高通过能力$1 \sim 2$倍；采用ATS子系统，在不增加车站到发线的情况下，提高通过能力$12\% \sim 24\%$。所以，现代化的信号系统对提高行车效率尤为显著。

　　城市轨道交通信号系统中，已经普遍采用基于计算机实时控制的ATC系统。ATC系统是自动控制技术、计算机技术和数据通信技术在信号系统中的集中体现，也可以说是现代化信息技术在城市轨道交通信号系统的综合应用。利用ATC系统的列车运行实时数据信息，可以实现乘客导向系统的列车信息预报、列车和站台的实时信息广播，尤其在城市轨道交通网络化运行时，可实现城市轨道交通网的综合监控和统一调度。

　　信号系统随着信息技术的不断发展也产生了革命性的变化，轨旁的地面信号已由车载信号所替代，其信号的内容已发生了根本性的变化，列车接收的目标速度、目标距离或进路地图，由车载计算机直接控制列车的自动运行，实现列车超速防护和列车在车站的程序定位停车，尤其是近几年，基于无线通信的列车自动控制（CBTC）系统，已在城市轨道交通信号系统中采用，为信号系统中摆脱传统的轨道电路和地面信号，为进一步缩短行车间隔，真正实现列车自动运行，奠定了基础。

1.1.2 信号图表的特点

知识要求

1. 信号设备安装图

（1）设备所代表的符号。表1—1为设备符号的含义。

表1—1　　　　　　　　　　　设备符号的含义

符　号	含　义
 HZ-12	电缆方向 HZ-12 盒
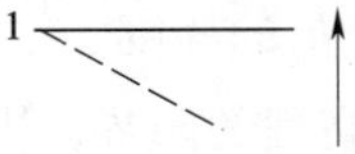 （继电器接点图形）	继电器接点
 （调车信号机图形）	调车信号机
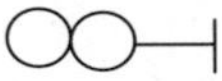 （高柱信号机图形）	高柱信号机
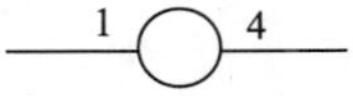 （继电器线圈图形）	继电器线圈
 （钢轨绝缘节图形）	钢轨绝缘节
 （尽头线钢轨绝缘图形）	尽头线钢轨绝缘
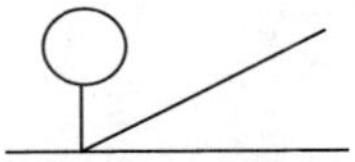 （道岔及电动转辙机图形）	道岔及电动转辙机
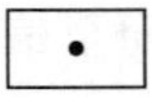 （送电端图形）	送电端
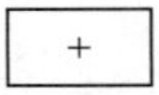 （受电端图形）	受电端

（2）设备平面布置图。从图1—1中可以看出：绝缘节位置、警冲标位置、信号机的数量及机构灯位结构；道岔转辙装置数量、组数、辙岔号的类型及定位开通方向；轨道电路的数量；整个股道数量及相互间中心距离等；线路钢轨所规定的等级、股道有效长度；以信号楼为基点各个设备之间的平面坐标（距离）及进站信号机和信号楼的公里标等。

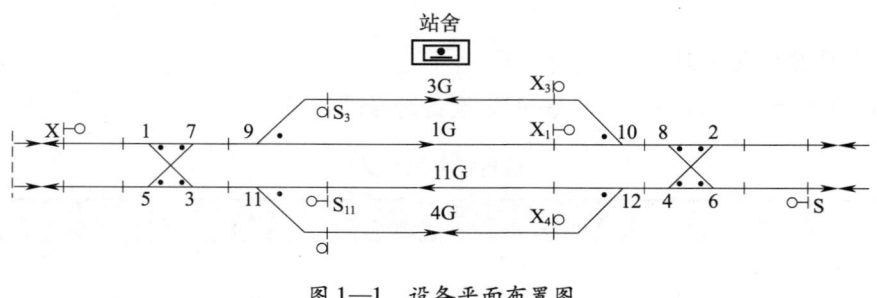

图1—1 设备平面布置图

2．信号设备限界测量方法与对照

（1）高度测量。如图1—2所示，矮型信号机应测量 h、h_1 的高度。

（2）限界测量。根据 h、h_1 的高度，确定需要测量不同高程的限界，当 h 的值小于 350 mm、h_1 的值小于 1 100 mm 时，只需要测量 CD 的距离（直线区段需要大于 1 875 mm）；当 h 的值大于 350 mm 时，需要测量 AB 的值（直线区段需要大于 1 875 mm）。

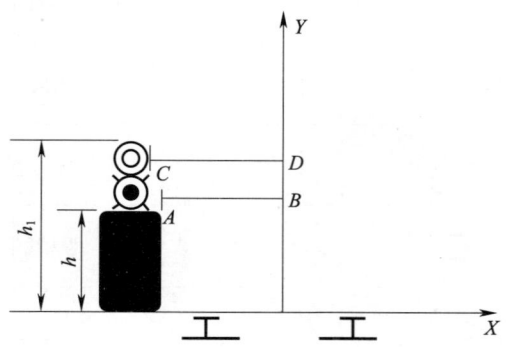

图1—2 矮型信号机限界测量示意图

如图1—2所示，h 为轨面至信号机基础面的距离，h_1 为轨面至信号机机构上端的距离；AB 的距离为信号机基础线路侧侧面至线路中心的距离；CD 的距离为机构凸出边缘至线路中心的距离。

1.2 信号基础设备

1.2.1 各种继电器的工作原理

知识要求

1. 偏极继电器工作原理

偏极继电器具有反映电流极性的性能，一般使用在道岔表示电路及半自动闭塞电路中。偏极继电器与无极继电器的结构基本相同，只是磁路系统中有特殊部分，即铁芯极靴为方形，衔铁为方形，方形极靴下端装有 L 形永久磁铁。偏极继电器只能在规定方向的电流通过线圈时吸起，反方向的电流不能吸起，无电时衔铁也落下。

JPXC – 1000 型偏极继电器是为了满足信号电路中鉴别电流极性的需要而设计的。它与无极继电器不同，衔铁的吸起与线圈中电流的极性有关，只有通过规定方向的电流时，衔铁才吸起，而电流方向相反时，衔铁不动作。但它又与有极继电器不同，只有一种稳态，即衔铁靠电磁力吸起后，断电就落下，落下是稳定状态。

2. 有极继电器工作原理

有极继电器根据线圈中电流极性不同而具有定位和反位两种稳定状态，这两种稳定状态在线圈中电流消失后，仍能继续保持，故又称极性保持继电器。磁路特殊部分用一块端部为刀形的长条永久磁铁代替部分轭铁，永久磁铁与轭铁用螺钉连接。它的特点是磁路系统中增加了永久磁钢。在线圈中通以规定极性的电流时，继电器吸起，断电后仍保持在吸起位置；通以反方向电流时，继电器打落，断电后保持在打落位置。有极继电器有 JYXC – 660、JYXC – 270 和加强接点的 JYJXC – J3000、JYJXC – 135/220 四种规格。

3. 整流式继电器工作原理

整流式继电器用于交流电路中。它通过内部的半波或全波整流电路将交流电变为直流电而动作。之所以如此，是为了避免在 AX 系列继电器中采用结构形式完全不同的交流继电器，以提高产品的系列化、通用化程度。

整流式继电器的磁路系统与无极继电器相同，只是磁路结构参数有所不同。更主要的是，在接点组上方安装由二极管组成的半波或全波整流电路。整流式继电器有四种规格：JZXC – 480、JZXC – 0.14、JZXC – H156、JZXC – H18，以及派生的 JZXC – H18F。

JZXC-480型继电器的磁路具有加大的尺寸，是为了增大返回系数（加大止片厚度）而不使工作值增加很多。它具有不规则的4QH与2Q接点组。在接点组上，安装有二极管2CP25组成的桥式全波整流电路。

JZXC-0.14型继电器电磁系统与JZXC-480相同。两线圈并联连接，有4QH接点组，接点组上方安装由2CZ-1型二极管组成的半波整流电路。

JZXC-H156与JZXC-H18型继电器为具有缓放特性的整流式继电器，其采用铜线圈架，接点系统为4QH接点组。在接点组上方，安装由二极管2CP25组成的桥式全波整流电路。JZXC-H18F是JZXC-H18的派生型号，具有防雷性能，以保护整流二极管免遭击穿。

技能要求

JWXC-1700继电器检修

操作准备

1. 继电器检修工具（见表1—2）

表1—2　　　　　　　继电器检修工具

序号	名称	规格	数量	单位
1	继电器测试台	XAJ-6A型	1	台
2	脉动试验台	XAJ-7型	1	台
3	安全型继电器	JWXC-1700	1	台
4	调整钳		1	把
5	测力计	0.5N	1	个
6	树胶橡皮		1	块
7	工业毛刷		1	把
8	工业酒精		1	瓶
9	旋具		1	把
10	麂皮		1	张
11	内六角套筒		1	把
12	塞尺		1	把
13	砂纸		1	张

2. 准备工作

（1）一字旋具。将继电器底部 4 个螺钉卸下。

（2）测力计。测量继电器上下接点压力，接点压力上接点大于等于 250 mN，下接点压力大于等于 150 mN。

（3）调整钳。根据测力计测量的数据调整继电器接点压力大小。

（4）塞尺。测量继电器接点间的间隙，托片间隙大于等于 0.35 mm，接点间隙大于等于 1.3 mm。

（5）酒精、毛刷。将毛刷蘸酒精后，均匀刷在继电器接点上，然后进烘箱。

（6）麂皮。从烘箱取出继电器后，用麂皮清洁接点。

（7）砂纸。对于采用橡皮无法清除的接点氧化层，需用砂纸摩擦去除。

（8）调整钳。调整接点压力。

（9）内六角套筒。底座上的锁定板用六角螺母紧固。

操作步骤

步骤 1　根据所测的接点，选用正确的测力计，读出测力计上正确的读数，上接点压力数据大于等于 250 mN，下接点压力数据大于等于 150 mN，使用调整钳调整到合格范围内，如图 1—3 所示。

图 1—3　步骤 1

步骤 2　接点压力检测，落下状态下接点为 150 mN。接点压力的调试要利用调整钳平行夹住要调整的某根簧片的尾部，如测试发现压力值偏大，则调整钳往下扳，压力值即可变小；如测试发现压力值偏小，则调整钳往上扳，压力值即可变大。反复多次即可达到要求，如图 1—4 所示。

步骤 3　接点压力检测，吸起状态上接点在 250 mN。接点压力的调试要利用调整钳平行夹住要调整的某根簧片的尾部，如测试发现压力值偏大，则调整钳往上扳，压力值即可变小；如测试发现压力值偏小，则调整钳往下扳，压力值即可变大。反复多次即可达到要求。

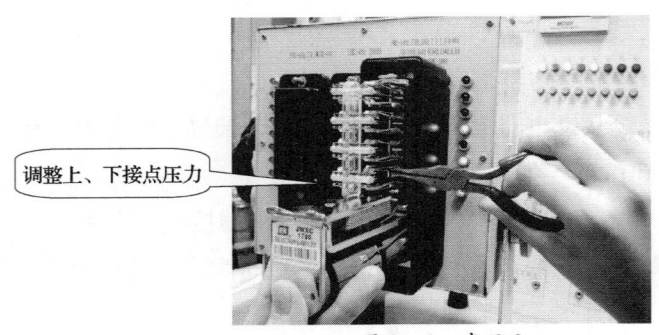

图 1—4 步骤 2

步骤 4 接点齐度调整至小于等于 0.2 mm，使用调整钳调整到合格范围内，如图 1—5 和图 1—6 所示。

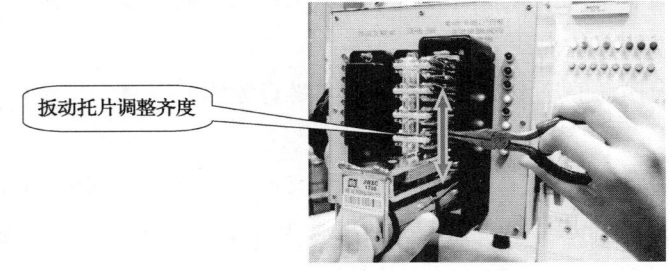

图 1—5 步骤 4（1）

第一个接点灯灭到最后一个接点灯灭在 0.2 V 内（以接点灯光显示为准）。普通接点齐度的调整跟接点间隙的大小有关，而接点间隙的调整又与托片有关，通过使用调整钳平行夹住托片的根部向上或向下扳动，即可以调整接点间隙变大或变小。齐度调整方法相同，利用测试台上的灯光显示来作为参考点，以少部分不齐的点向多数整齐的点位靠拢，从而逐渐达到接点齐度同步的要求。

步骤 5 普接接点间隙大于等于 1.3 mm，使用调整钳调整到合格范围内，如图 1—7 所示。

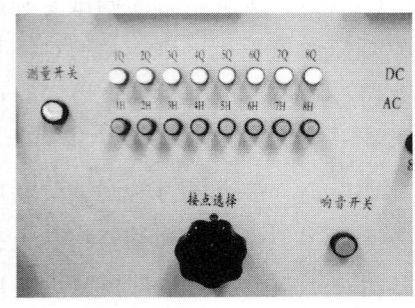

图 1—6 步骤 4（2）

图 1—7 步骤 5

步骤6 普通托片间隙大于等于 0.35 mm，使用调整钳调整到合格范围内，如图 1—8 所示。

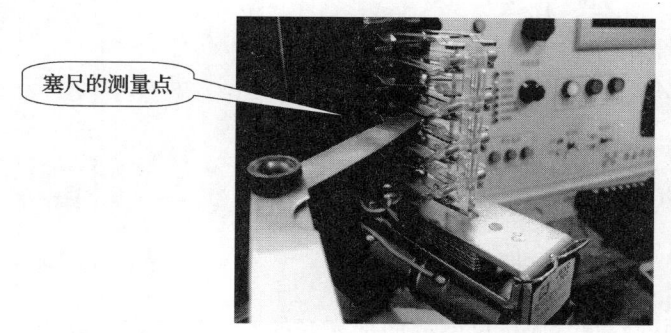

图 1—8 步骤 6

步骤7 以卸下钢丝卡的反顺序依次将钢丝卡完好地装在轭铁上，如图 1—9 所示。图中箭头为调整钳的用力方向，用这种方法可以将钢丝卡拆下，反之即为安装顺序。

步骤8 使用调整钳将钢丝卡卡脚弯度调整至适当位置；用调整钳夹住钢丝卡一个卡脚往里弯动，另一个卡脚按同样方法操作，如图 1—10 所示。

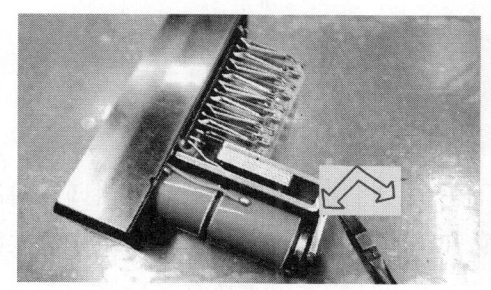   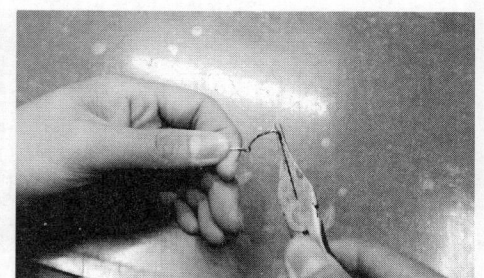

图 1—9 步骤 7   图 1—10 步骤 8

步骤9 使用调整钳进行操作，将钢丝卡位置调整至松紧恰当，如图 1—11 所示。

注意：在拆装钢丝卡的过程中，手腕用力较大，切忌将调整钳的钳口向上，一旦失手容易对脸部或眼睛造成伤害。

步骤10 选择完好的继电器底座放置一旁，用内六角套筒按正向顺序把损坏的底座从继电器上卸下，如图 1—12 所示。

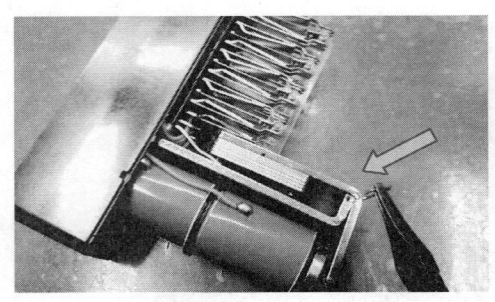
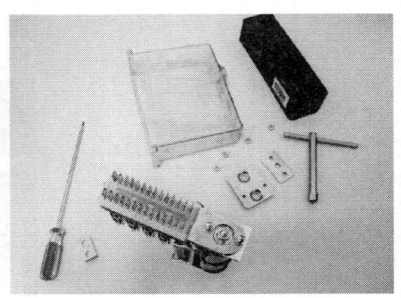

图 1—11　步骤 9　　　　　　　　图 1—12　步骤 10

步骤 11　用内六角套筒按反向顺序把完好的底座安装在继电器上，检查继电器各处系统结构的紧固程度，正确选用同型号的衔铁止钉，如图 1—13 所示。

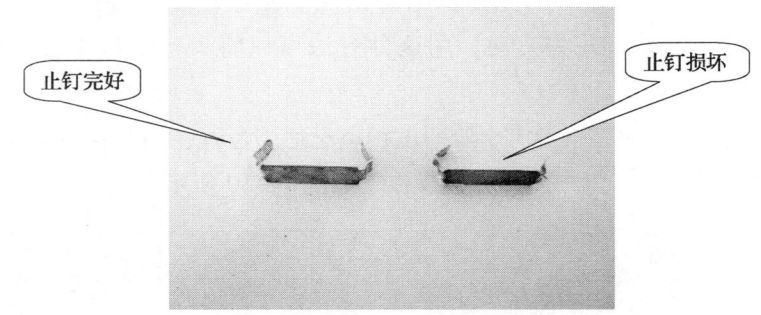

图 1—13　步骤 11

步骤 12　将继电器钢丝卡卸下，同时卸下衔铁，将衔铁上断裂的止钉用调整钳卸下，重新安装完好的同型号止钉。调整原有或重新选择合适的钢丝卡按反顺序依次将钢丝卡完好地装在轭铁上。使用调整钳进行操作，将钢丝卡位置调整至松紧恰当，如图 1—14 所示。

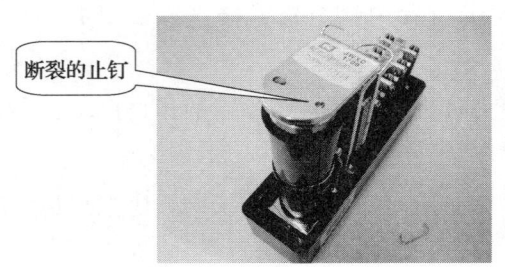
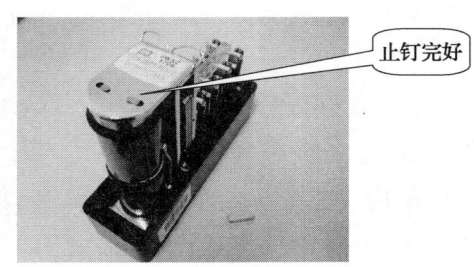

图 1—14　步骤 12

步骤 13 继电器封装，检查外罩的完整度并用干布将外壳擦拭，将外罩套在继电器上，再使用一字旋具将继电器底部 4 个螺钉封装起来，在继电器底部螺钉洞口加封印，如图 1—15 所示。

1.2.2 色灯信号机技术要求

知识要求

图 1—15 步骤 13

1. 信号机基本原理

透镜式色灯信号机，因其结构简单，安全方便，控制电路所需电缆芯线少，而得到广泛采用。透镜式色灯信号机有高柱和矮型两种类型，高柱信号机的机构安装在钢筋混凝土信号机柱上，矮型信号机的机构安装在信号机水泥基础上。高柱透镜式色灯信号机如图 1—16 所示。它由机柱、机构、托架、梯子等部分组成。机柱用于安装机构和梯子。机构的每个灯位配备有相应的透镜组和单独点亮的灯泡，给出信号显示。托架用来将机构固定在机柱上，每一机构需上、下托架各一个。梯子用于给信号维修人员攀登及作业。

矮型透镜式色灯信号机如图 1—17 所示。它用螺栓固定在信号机基础上，没有托架，更不需要梯子。

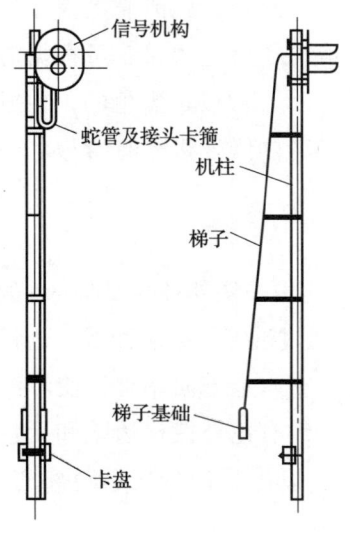

图 1—16 高柱透镜式色灯信号机

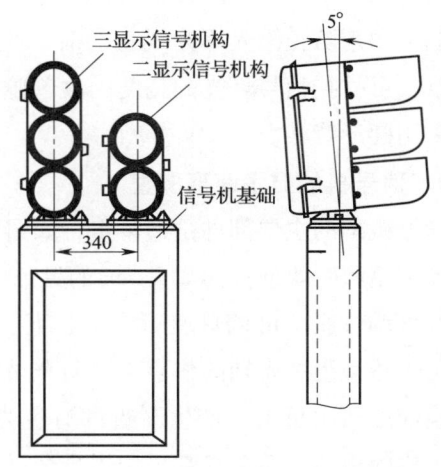

图 1—17 矮型透镜式色灯信号机

高柱和矮型透镜式色灯信号机又各有单机构和双机构之分。单机构只有一个机构，色灯信号机可构成二显示、三显示和单显示信号机。图1—18所示为单机构二显示信号机。

透镜式色灯信号机的每个灯位由灯泡、灯座、透镜组、遮檐和背板等组成，如图1—19所示。

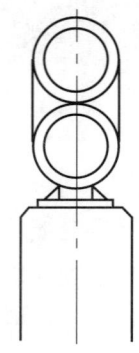

图1—18　单机构二显示信号机

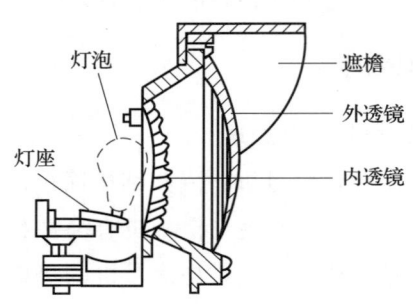

图1—19　透镜式色灯信号机机构

灯泡是色灯信号机的光源，采用直线双丝铁路信号灯泡。灯座用来安放灯泡，采用定焦盘式灯座，在调整好透镜组焦点后固定灯座，更换灯泡时无须再调整。透镜组装在镜架框上，由两块带棱的凸透镜组成，里面是有色外棱梯透镜，外面是无色内棱梯透镜。之所以采用两块透镜组成光学系统，是利用光的折射和反射原理，将光源发出的光线集中射向所需要的方向，即增强该方向的光强。这样，就能满足信号显示距离远而且具有很好的方向性的要求。信号机构的颜色取决于有色透镜，可根据需要选用。遮檐用来防止阳光等光线直射时产生错误的幻影显示。背板是黑色的，构成较暗的背景，可衬托信号灯光的亮度，改善瞭望条件。只有高柱信号机才有背板。一般信号机采用圆形背板。

2. 信号机的显示距离调整

信号机构的主要部件是透镜组，如图1—20所示。它由一块外径为139 mm的有色外棱梯透镜和一块外径为212 mm的无色内棱梯透镜，通过透镜框组装而成，透镜框上还装有可调灯座。可调灯座可在上、下、前、后、左、右六个方向调整，使灯泡的主灯丝位于透镜组主光轴的焦点上，灯丝光源发出的光，经有色外棱梯透镜和无色内棱梯透镜前后两次折射，产生平行的有色光束射向前方，以满足信号显示距离的要求。信号机构的箱体、箱盖等都采用铝合金材料。

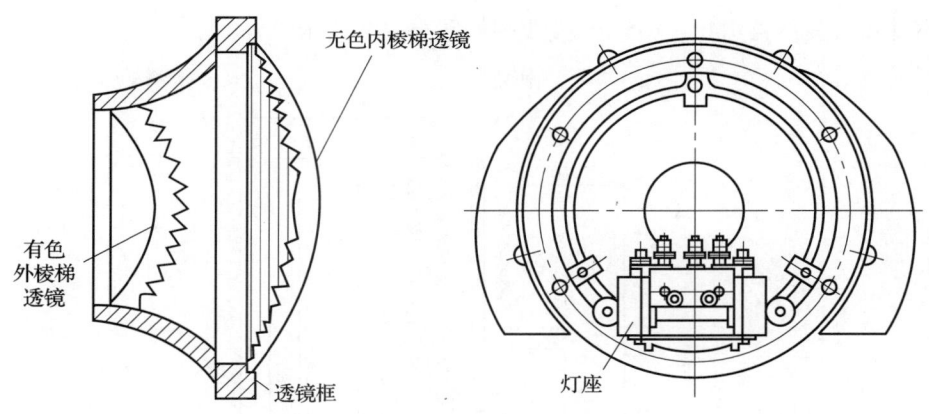

图 1—20 透镜组示意图

3. LED 信号机工作原理

LED 发光管是新型高效发光器件,具有低能耗、长寿命的特点。由 LED 发光管组成的信号光源,与传统的色灯信号机相比,具有显示效果好、寿命长、节能、免维护的特点。XSLE 型 LED 信号机可作为铁路站场、区间的进站、出站、进路、防护、预告、调车、驼峰、复示、遮断、通过及引导等地面灯光信号之用,并具有结构紧凑、能耗低、寿命长、无须调焦等特点,是新一代用于铁路运输线上的色灯信号机。

从电源屏直接多路输出 AC 110 V ± 3%(对于信号机较多、信号机距离信号楼远的大型站场应增设室内隔离变压器,多几路 AC 110 V 的输出,以减少电缆之间感应电压的干扰)通过 DJ(JZXC–H18)和室外电缆到达信号机点灯变压器上,经变压器降压后由点灯模板点亮 LED 发光盘。点灯示意图如图 1—21 所示。

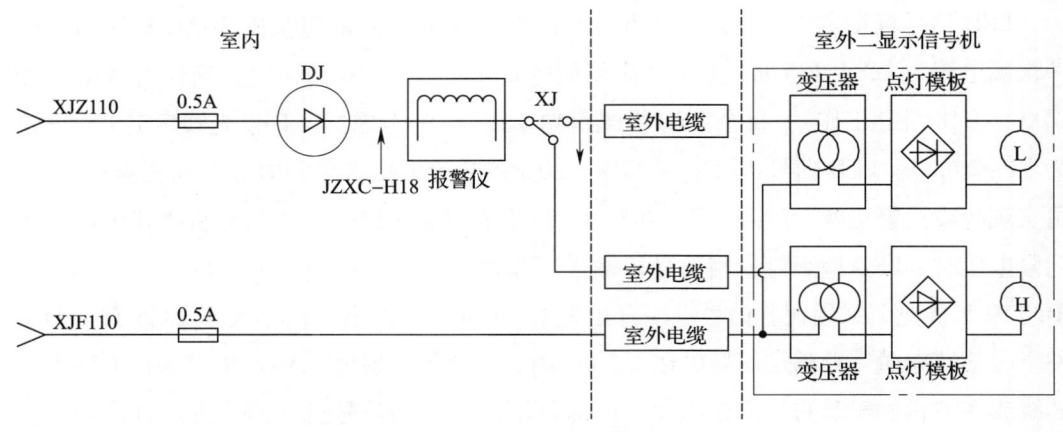

图 1—21 点灯示意图

室外点灯变压器 R40-105/46 接线图如图 1—22 所示。

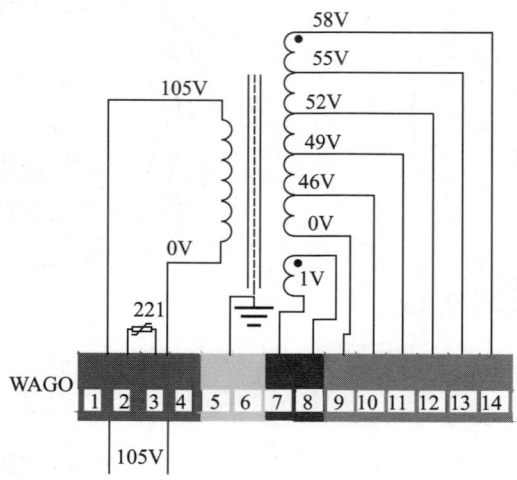

图 1—22　室外点灯变压器接线图

输出电压调整表见表 1—3。

表 1—3　　　　　　　　　输出电压调整表

输出电压	45 V	46 V	47 V	48 V	49 V	50 V	51 V	52 V	53 V	54 V	55 V	56 V	57 V	58 V	59 V
连接端子	8—10		8—9	8—11		8—9	8—12		8—9	8—13		8—9	8—14		8—9
使用端子	7—9	9—10	7—10	7—9	9—11	7—11	7—9	9—12	7—12	7—9	9—13	7—13	7—9	9—14	7—14

　　LED 信号机正常工作时, 室外点灯变压器一次侧输入电压范围为 AC 85~110 V, 一次侧电流为 128~135 mA (此电流值能保证 LED 在损坏 30% 时, 确保灯丝继电器 JZXC-H18 可靠工作)。每个 LED 发光盘功率按 20 W 考虑。LED 发光管额定工作电流为 18~20 mA。LED 信号机可实现 20%~30% 的故障模拟, 与 LED 信号机报警仪结合, 可实现故障报警功能。门限电压为 65 V (误差范围为 ±5%)。当信号机干扰电压小于门限电压时, LED 应灭灯; 当信号机输入工作电压大于门限电压时, LED 应点亮。在 AC 110 V 供电、采用铜芯信号电缆直径为 1.0 mm (1 km 电阻值不大于 23.5 Ω) 的条件下, 单芯电缆可以满足信号机在 3.5 km 内正常使用。超过 3.5 km 时可采用并联电缆芯线或在室内加配套的升压变压器, 以满足不同距离的信号机。信号机点灯控制回路中如有灯丝继电器, 可采用 JZXC-H18 型继电器。信号机构内每个灯位均设置一个点

灯变压器，并在变压器的一、二次侧设置相应的防雷电干扰措施，保护 LED 光源内部电路。机构的正常绝缘电阻应不小于 100 MΩ，经 12 天交变湿热试验后的潮湿绝缘电阻应不小于 1.5 MΩ。

信号机构为组合式结构，采用铝合金材料，表面采用喷塑处理，销轴和标准件均采用不锈钢材料。机构具有强度高、质量轻、组合灵活、安装方便、无维护、外形美观等优点。铝合金的高柱、矮型信号灯光源组件和老式铸铁信号机透镜组相互通用，只要松开固定透镜组的三个螺钉就可互换，方便现场灵活使用。

技能要求

排除 LED 信号机蓝灯灭灯故障

操作准备

信号机检修工具见表 1—4。

表 1—4　　　　　　　　　　信号机检修工具

序号	名称	规格/型号	单位	数量
1	活扳手	150 mm	把	1
2	一字旋具	6 mm×150 mm	把	1
3	一字旋具	5 mm×100 mm	把	1
4	十字旋具	6 mm×150 mm	把	1
5	十字旋具	5 mm×150 mm	把	1
6	套筒	5 mm	把	1
7	套筒	6 mm	把	1
8	尖嘴钳	6 in	把	1
9	毛刷		把	1
10	棉布		块	2
11	万用表	数字式或指针式	块	1
12	通信工具		台	1

操作步骤

步骤1 到车控室和机房内确认故障现象,并在车控室设备故障登记簿上登记要点,向值班员讲清作业内容、作业时间、作业地点,经行调员同意、车站值班员签字后方可进入现场作业,联系时用语简单明了。

步骤2 用万用表交流 220 V 挡在分线盘相应的端子(某架信号机的蓝灯条件线 A 与回线 BAH)上测得有交流 108 V 送出,说明故障点在室外,如图 1—23 所示。

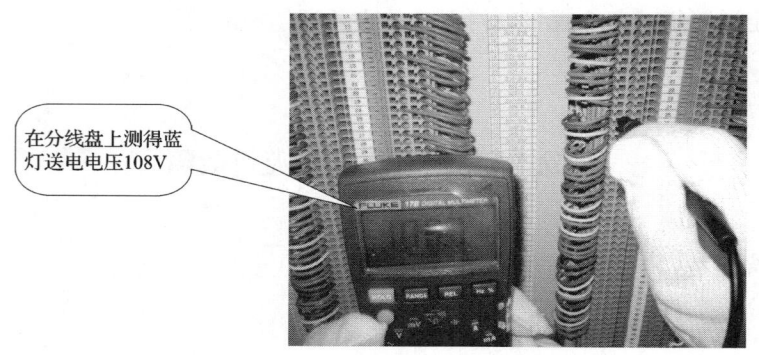

图 1—23 步骤 2

步骤3 带好工器具、万用表、对讲机赶赴现场,打开此架信号机的配线盒,根据电缆配线图,用万用表交流 220 V 挡,在 2#和 3#端子上测得有交流 110 V 电压,说明室内电压已送到,如图 1—24 所示。

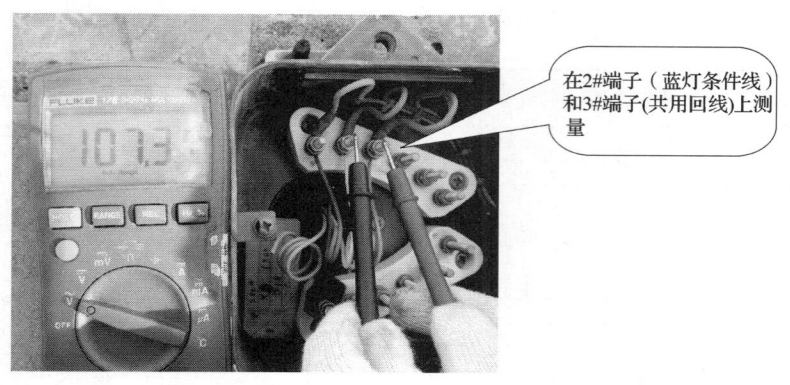

图 1—24 步骤 3

步骤4 用万用表在蓝灯变压器一次侧测量,无交流 110 V 电压输入,说明故障点就在配线盒 2#、3#端子至变压器一次侧的范围内,有可能端子松动或有断线现象,如图 1—25 所示。

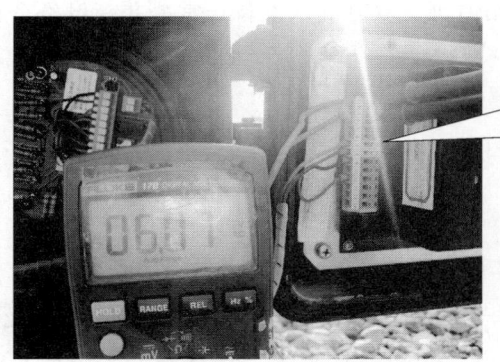

图1—25 步骤4

步骤5 根据测量结果发现3#端子（BAH）至蓝灯变压器一次侧的配线损坏，导致电压不能送到蓝灯变压器一次侧，故蓝灯灭灯。在电缆盒内重新做头配线，紧固后蓝灯点亮，故障消失，如图1—26所示。

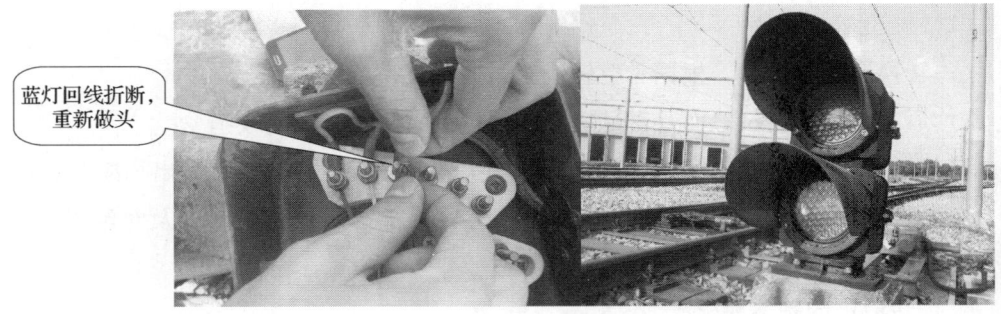

图1—26 步骤5

步骤6 联系值班员开放白灯，经试验设备正常，如图1—27所示。做好"三清"工作后撤离现场。

图1—27 步骤6

步骤7 到车控室销点，与车站值班员双方确认设备正常，并在设备登记簿上签字后方能离开（车站值班员也需签字确认）。

1.2.3 转辙机的工作原理

知识要求

1. 转辙机的机械锁闭装置工作原理

当车站内铺设有许多条线路时，线路之间用道岔连接。列车在车站内运行的路径，叫作进路。进路由道岔位置决定。道岔的转换和锁闭，是直接关系行车安全的关键设备。道岔由多种类型的转辙机转换。转辙机是重要的信号基础设备，它对于保证行车安全、提高运输效率、改善行车人员的劳动强度，起着非常重要的作用。转辙机是转辙装置的核心和主体，除转辙机本身外，还包括外锁闭装置和各类杆件、安装装置，它们共同完成道岔的转换和锁闭。

（1）转辙机的作用

1）转换道岔的位置，根据需要转换至定位或反位。

2）道岔转至所需位置而且密贴后，实现锁闭，防止外力转换道岔。

3）正确地反映道岔的实际位置，道岔的尖轨密贴于基本轨后，给出相应的表示。

4）道岔被挤或因故处于"四开"（两侧尖轨均不密贴）位置时，及时给出报警及表示。

（2）转辙机的基本要求

1）作为转换装置，应具有足够大的拉力，以带动尖轨做直线往返运动；当尖轨受阻不能运动到底时，应随时通过操纵使尖轨恢复原位。

2）作为锁闭装置，当尖轨和基本轨不密贴时，不应进行锁闭；一旦锁闭，应保证不因车通过道岔时的震动而错误解锁。

3）作为监督装置，应能正确地反映道岔的状态。

4）道岔被挤后，在未修复时不应再使道岔转换。

（3）转辙机的分类

1）按动作能源和传动方式分类，转辙机可分为电动转辙机和电动液压转辙机。电动转辙机由电动机提供动力，采用机械传动的方式。电动液压转辙机简称电液转辙机，由电动机提供动力，采用液力传动的方式。ZY（J）系列转辙机即为电液转辙机。

2）按供电电源种类分类，转辙机可分为直流转辙机和交流转辙机。直流转辙机采用直流电动机，工作电源是直流电。ZD6 系列电动转辙机就是直流转辙机，由直流220 V供电。ZY 系列电液转辙机也是直流转辙机，亦由直流 220 V 供电。ZY 系列电动转辙机则由 24 V 直流电供电。直流电动机的缺点是，由于存在换向器和电刷，易损坏，故障率较高。交流转辙机采用三相交流电源或单相交流电源，由三相异步电动机或单相异步电动机（现大多采用三相异步电动机）作为动力。交流转辙机采用感应式交流电动机，不存在换向器和电刷，因此故障率低，而且单芯电缆控制距离远。城市轨道交通大部分采用电动转辙机，近年来采用电液转辙机和交流转辙机的线路也不少。另外，由于钢轨质量的增加，正线一组道岔采用双机牵引的情况也在普及。

3）按锁闭道岔的方式分类，转辙机可分为内锁闭转辙机和外锁闭转辙机。内锁闭转辙机依靠转辙机内部的锁闭装置锁闭道岔尖轨，是间接锁闭的方式。ZD6 系列等大多数转辙机均采用内锁闭方式。内锁闭方式，锁闭可靠程度较差，列车对转辙机的冲击大。外锁闭转辙机虽然内部也有锁闭装置，但主要依靠转辙机外的外锁闭装置锁闭道岔，将密贴尖轨直接锁于基本轨，斥离尖轨锁于固定位置，是直接锁闭的方式。外锁闭方式锁闭可靠，列车对转辙机几乎无冲击。

4）按是否可挤分类，转辙机分为可挤型转辙机和不可挤型转辙机。可挤型转辙机内设挤岔保护（挤切或挤脱）装置，道岔被挤时，动作杆解锁，保护了整机。不可挤型转辙机内不设挤岔保护装置，道岔被挤时，挤坏动作杆与整机连接结构，应整机更换。电动转辙机和电液转辙机都有可挤型和不可挤型。此外，各种转辙机还有不同转换力和动程的区别。ZD6 系列电动转辙机是使用最广泛的电动转辙机。ZD6 - D 型是 ZD6 系列转辙机的基本型。下面以 ZD6 - D 型转辙机为重点进行介绍。

2. 转辙机的机械解锁工作原理

（1）内锁闭（ZD6 型，ZD（J）9C/D 型）。内锁闭是当道岔由转辙机带动转换至某个特定位置后，在转辙机内部进行锁闭，由转辙机动作杆经外部杆件对道岔实现位置固定。例如 ZD6 型转辙机就是由其内部的锁闭齿轮的圆弧面和齿条块的削尖齿实现锁闭的。实质上，内锁闭方式锁闭道岔是对道岔可动部分进行间接锁闭。内锁闭转换设备的特点是：

1）结构简单，便于日常维护保养，且转换比较平稳，属定力锁闭。

2）道岔的两根尖轨由若干连接杆组成框架式结构，使尖轨部分的整体刚度较高，而且框架式结构造成的反弹力和抗力较大。

3）由于两尖轨由杆件连接，当杆件受到外力冲击时，如发生弯曲变形，会使密贴尖轨与基本轨分离,严重威胁行车安全。

4) 当列车通过道岔产生冲击时,其冲击力经过杆件将直接作用于转辙机内部,使转辙机部件易于受损、挤切销折断、移位接触器跳开等。

(2) 外锁闭(ZYJ7型,ZD(J)9A/B型)。当道岔由转辙机带动转换至某个特定位置后,通过本身所依附的锁闭装置,直接把尖轨与基本轨或心轨与翼轨密贴夹紧并固定,称为道岔的外锁闭。也就是说,道岔的锁闭主要不是依靠转辙机内部的锁闭装置,而是依靠转辙机外部的锁闭装置实现的。由于外锁闭道岔的两根尖轨之间没有连接杆,在道岔转换过程中,两根尖轨是分别动作的,所以又称为分动外锁闭道岔。分动外锁闭道岔转换设备的特点是:

1) 改变了传统的框架式结构,使尖轨的整体刚度大幅度下降。

2) 尖轨分动后,转换启动力小,而且一根尖轨的变形不影响另一根尖轨,由此造成的反弹力、抗力等转换阻力均减小很多。

3) 两根分动尖轨在外锁闭装置作用下,无论是在启动解锁,还是密贴锁闭的过程中,所需的转换力均较小,避开了两根尖轨最大反弹力的叠加时刻。

4) 同时承担两根尖轨弹性力的过程是在密贴尖轨解锁以后到斥离尖轨锁闭以前这一较短的时间内,而此时正是电动机功率输出的最佳时刻,使电气特性和机械特性得到良好的匹配。

5) 外锁闭装置一旦进入锁闭状态,车辆过岔时,轮对对尖轨和心轨产生的侧向冲击力基本上不传到转辙机上,即具有隔力作用,有利于延长转辙机及各类转换部件的使用寿命。

6) 由于两尖轨间无连接杆,所以密贴尖轨很难在外力作用下与基本轨分离,可靠地保证了行车安全。

7) 由于密贴尖轨与基本轨之间由外锁闭装置固定,克服了内锁闭道岔靠杆件推力或拉力使尖轨与基本轨密贴,易造成 4 mm 失效的较大缺陷。

技能要求

调整 ZYJ7 - GZ 式液压转辙机液流压力

操作准备

转辙机检修工具见表 1—5。

表 1—5　　　　　　　　　转辙机检修工具

序号	名称	规格/型号	单位	数量
1	呆扳手	17 mm	把	2
2	活扳手	150 mm	把	1
3	活扳手	250 mm	把	1
4	活扳手	300 mm	把	1
5	一字旋具	6 mm×150 mm	把	1
6	一字旋具	8 mm×250 mm	把	1
7	一字旋具	5 mm×100 mm	把	1
8	十字旋具	6 mm×150 mm	把	1
9	十字旋具	8 mm×250 mm	把	1
10	十字旋具	5 mm×100 mm	把	1
11	手锤	1.5 lb	把	1
12	密贴插片	2 mm/4 mm	块	1
13	通信工具		台	1
14	油压表		块	2
15	尖嘴钳	6 in	把	1
16	钢丝钳	7 in	把	1
17	手摇把	ZYJ7 专用	把	1

操作步骤

步骤1　打开液压站，在启动油缸上正确接入定、反位油压表，如图1—28 所示。

图1—28　步骤1

步骤2 定位电操道岔，同时在锁钩位置处，尖轨和基本轨间夹入4 mm厚的铁插片，此时道岔不能锁闭，处于溢流状态，如图1—29所示。

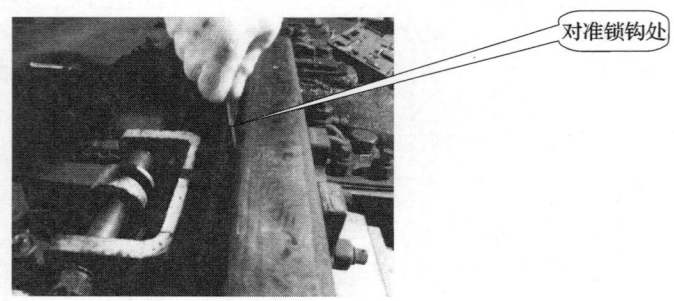

图1—29 步骤2

步骤3 观察定位油压表，正确读出定位液流压力，如液流压力不在11～12 MPa范围内必须进行调整，如图1—30所示。

图1—30 步骤3

步骤4 如测得液流压力超过14 MPa，首先用150 mm扳手，松开定位溢流阀并紧螺母，如图1—31所示。

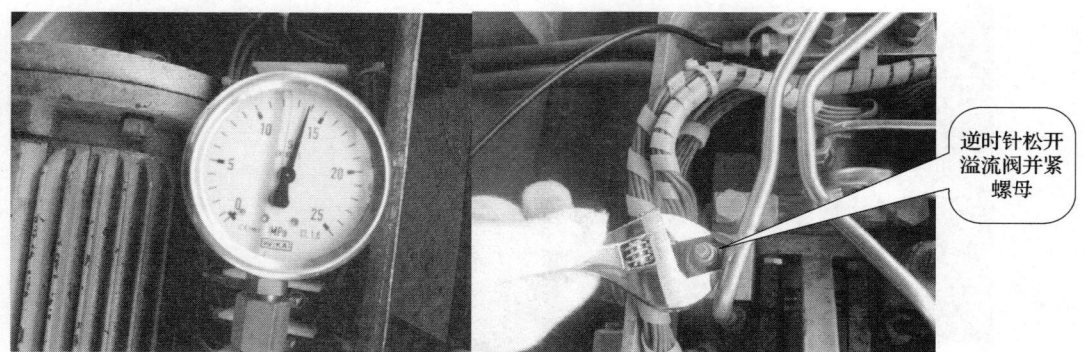

图1—31 步骤4

步骤 5　逆时针调小液流压力，同时观察油压表指针，调整到 11.5 MPa，如图 1—32 所示。

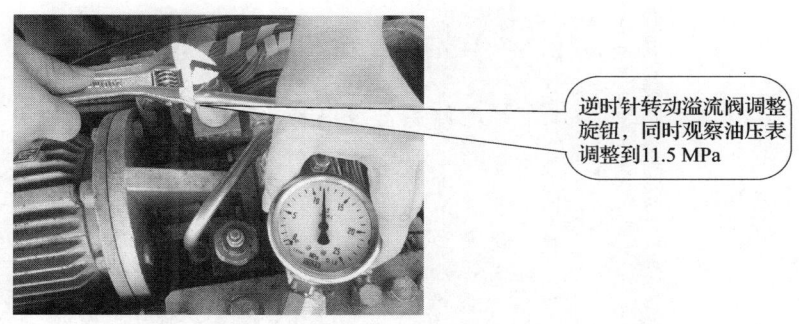

图 1—32　步骤 5

步骤 6　定位液流压力调到标准范围内后，用 150 mm 扳手紧固溢流阀并紧螺母，定位液流压力调整完毕，如图 1—33 所示。

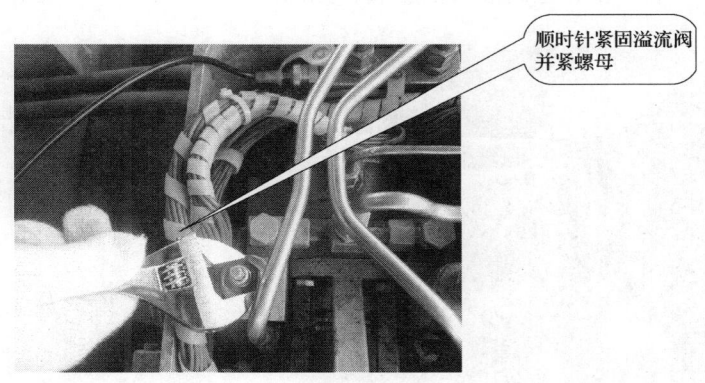

图 1—33　步骤 6

步骤 7　参照步骤 2—步骤 6 调整反位液流压力。

步骤 8　定、反位液流压力全部调整完毕后，必须检查第一牵引点转辙机定、反位表示缺口，标准为（2±0.5）mm。

技能要求

排除 ZYJ7 – GZ 式液压道岔定位不锁闭故障

操作步骤

步骤 1　故障接报后，信号值班人员去车控室确认设备故障，并在登记簿上登记要点，向值班员讲清作业内容、作业时间、作业地点，经行调员同意、车站值班员签字后方可进入现场作业，联系时用语简单明了，如图1—34所示。

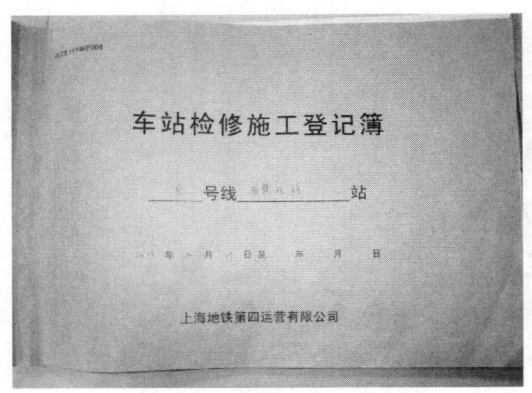

图1—34　步骤1

步骤2　打开液压站，正确接入油压表，如图1—35所示。

图1—35　步骤2

步骤3　打开前后转辙机盖子，观察动接点位置，发现定位没有锁闭，如图1—36所示。

步骤4　用对讲机联系车站值班员电操反位，道岔能锁闭，表示正确，同时观察反位油压表，动作压力为5 MPa（标准不大于7 MPa），说明道岔无机械卡阻，如图1—37所示。

步骤5　再电操定位，发现道岔启动后，原密贴尖轨解锁后就不再动作，道岔在"四开"位置，此时三相电动机空转，13 s后切断启动电路，电动机停转，同时观察定位油压表，动作压力为4.2 MPa，如图1—38所示。

图 1—36　步骤 3

图 1—37　步骤 4

图 1—38　步骤 5

步骤 6　通过电操定、反位油压表测量结果及转辙机动作情况判断，排除机械卡阻，初步判断是由于定位液流压力太小，造成反位向定位扳动时尖轨不能动作到底并锁闭到位，必须调大定位液流压力来排除故障。

步骤7 先松开定位液流阀并紧螺母,顺时针旋转溢流阀调整旋钮,调大液流压力,如图1—39所示。

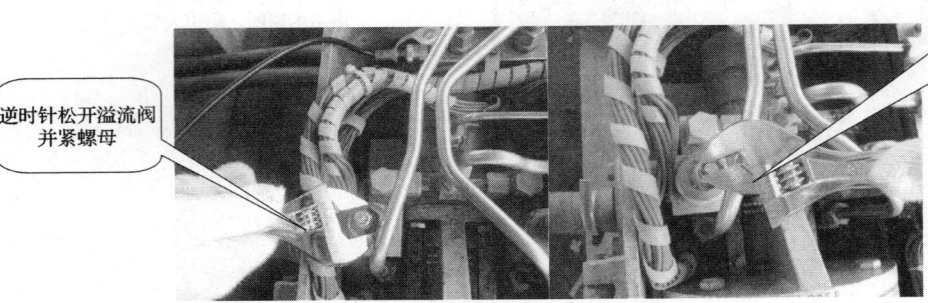

图1—39 步骤7

步骤8 再定位电操道岔,在锁钩处用4 mm插片放入基本轨与尖轨间测量定位液流压力,同时进行调整,定位液流压力调整在11~12 MPa范围内,如图1—40所示。

图1—40 步骤8

步骤9 调整完毕后,紧固溢流阀并紧螺母,如图1—41所示。

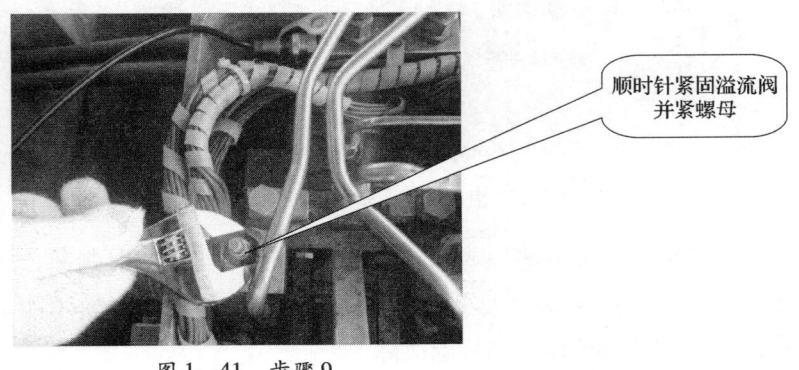

图1—41 步骤9

步骤10　来回电操道岔，检查测量定反位动作压力、液流压力、定反位密贴及缺口是否都符合标准，并与车站值班员联系确认设备正常。技术标准动作压力不大于7 MPa、液流压力11～12 MPa、前机表示杆缺口为（2±0.5）mm、后机表示杆缺口为（4±1.5）mm。

步骤11　做好"三清"（人员清、工具清、物料清）工作后撤离现场。

步骤12　到车控室销点，与车站值班员双方确认设备正常，并在设备登记簿上签字后方能离开（车站值班员也需签字确认）。

3．ZDJ9型电动转辙机运用

（1）ZDJ9系列转辙机。ZDJ9系列电动转辙机是一种能适应交、直流电源的新型转辙机。它有着安全可靠的机内锁闭功能，因此既可适用于联动内锁道岔，又可适用于分动外锁道岔；既适用于单点牵引，又适用于多点牵引；安装时，既能角钢安装，又能托板安装。

（2）ZDJ9转辙机结构。转辙机主要由电动机、减速器、摩擦连接器、滚珠丝杠、推板套、动作板、锁块、锁闭铁、接点座、动作杆、锁闭（表示）杆等零部件组成，结构采用模块化设计，便于维护和维修。

（3）基本工作原理

1）电动机接通电源后，电动机上的小齿轮通过齿轮箱中的传动齿轮进行两级减速把动力传递到摩擦连接器的齿轮上。

2）通过摩擦连接器中的内外摩擦片的摩擦作用，齿轮的旋转运动传递到滚珠丝杠上。滚珠丝杠把传动齿轮的旋转运动转换成与丝杠连接的推板套的水平直线运动。

3）推板套水平直线运动，推动安装在动作杆上的锁块，在锁闭铁的辅助下使动作杆水平运动，完成道岔的锁闭功能。ZDJ9型转辙机有着安全可靠的内锁功能，在两个终点位置时锁块在推板套和锁闭铁的共同作用下实现转辙机对道岔的锁闭。

（4）挤脱及挤岔表示工作原理。ZDJ9-B/D型转辙机为可挤机型。挤岔时，当挤脱器中的锁闭铁在动作杆上的锁块作用下，脱开挤脱柱，在锁闭铁上的凹槽推动水平顶杆，水平顶杆推动竖顶杆，竖顶杆推动动接点支架，从而切断表示，非经人工恢复锁闭铁，不可能再接通表示。ZDJ9-A/C型转辙机为两点牵引道岔第一牵引点用的不可挤型转辙机，故没有挤脱器，道岔的挤岔表示由ZDJ9-B/D型转辙机给出。ZDJ9-B/D型为两点牵引道岔第二牵引点用的转辙机，表示杆有检查尖轨密贴和挤岔断表示的功能。

（5）ZDJ9 型交流电动转辙机主要技术参数，见表 1—6。

表 1—6　　　　　　　ZDJ9 型交流电动转辙机主要技术参数

型号	ZDJ9 – A220/2.5 K ZDJ9 – C220/2.5 K	ZDJ9 – B150/4.5 K ZDJ9 – D150/4.5 K
电源电压 AC 三相（V）	380	380
额定转换力（kN）	2.5	4.5
动作杆动程（mm）	220	150
锁闭杆动程（mm）	160	75
工作电流（A）	≤2.0	≤2.0
动作时间（s）	≤5.8	≤5.8
单线电阻（Ω）	≤54	≤54
挤脱力（±2，kN）	—	28
摩擦力（±10%，kN）	3.8	6.8
质　　量（kg）	182	177
适用范围	双机牵引第一牵引点，不可挤，双杆内锁	双机牵引第二牵引点，可挤，单杆内锁

（6）转辙机动作电路原理。ZDJ9 动作电路有五线组成，定位至反位动作时 X1、X3、X4 工作，如图 1—42 所示。A、B、C 分别为转辙机动作时的三相电流流经路径。工作原理参看 ZYJ7 转辙机工作原理。

（7）表示电路工作原理。转辙机表示功能的完成是由动作板、接点座组成、表示杆共同完成的。推板套动作的同时，安装在推板套上的动作板随着推板套一起运动。动作板开始运动后，动作板滑动面一端的斜面推动与启动片连接的滚轮，切断表示，同时接通下一转换方向的动作接点；当动作到位时，滚轮从动作板滑动面落下，动作接点断开，同时表示接点接通，给出道岔表示。在这一过程中，滚轮通过左右支架的作用，使锁闭柱（检查柱）抬起或落入锁闭（表示杆）槽内，达到检测道岔状态的作用。ZDJ9 转辙机表示电路工作原理如图 1—43 所示，电路原理参看 ZYJ7 转辙机表示原理。

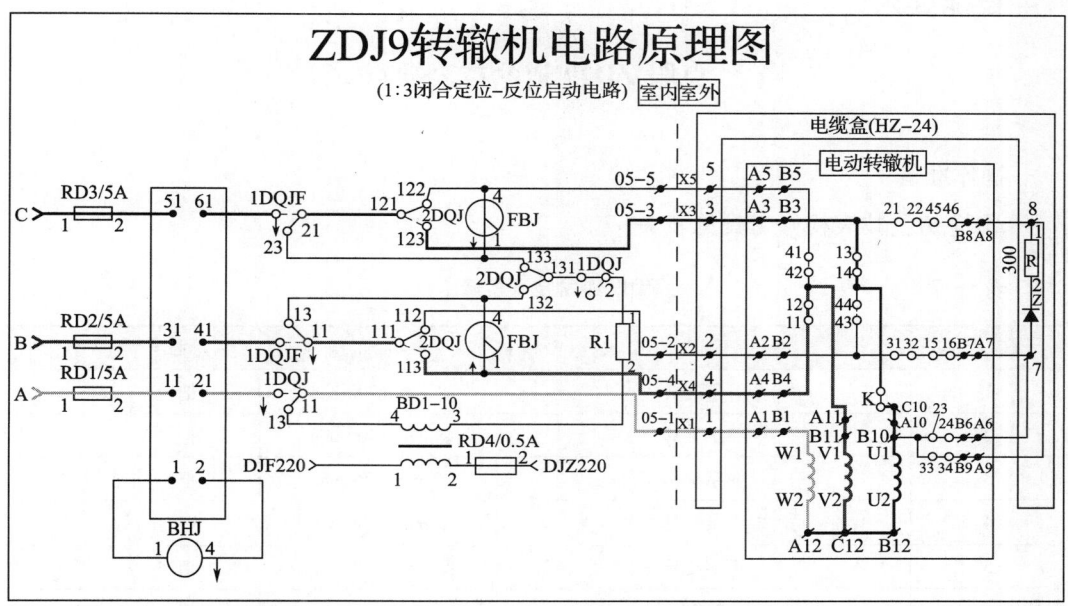

图1—42　动作电路工作原理

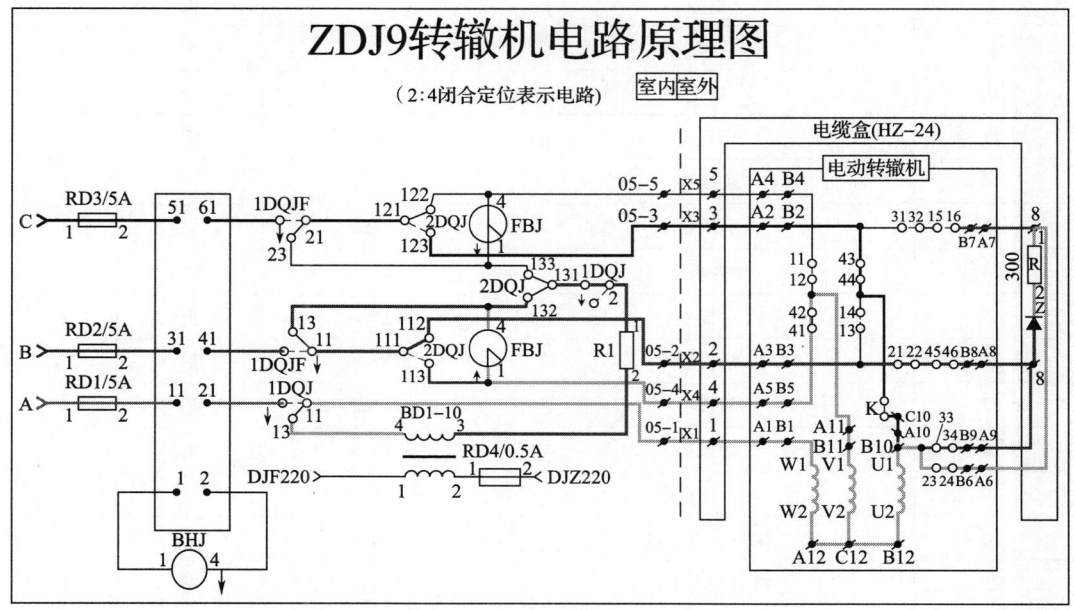

图1—43　表示电路工作原理

技能要求

克服 ZDJ9 道岔技表缺点

操作准备

ZDJ9 道岔技表检修工具见表 1—7。

表 1—7　　　　　　　　ZDJ9 道岔技表检修工具

序号	名称	规格/型号	单位	数量
1	一字旋具	8 mm×200 mm	把	1
2	一字旋具	5 mm×100 mm	把	1
3	一字旋具	2 mm×75 mm	把	1
4	十字旋具	3 mm×200 mm	把	1
5	十字旋具	1 mm×100 mm	把	2
6	套筒	5 mm	把	1
7	套筒	6 mm	把	1
8	油壶		把	1
9	木柄圆头锤		把	1
10	摇把		把	1
11	钢丝钳	6 in	把	1
12	尖嘴钳	4.5 in	把	1
13	医用钳	24 cm	把	1
14	梅花扳手	30 cm	把	1
15	活扳手	300 mm	把	1
16	活扳手	200 mm	把	1
17	活扳手	150 mm	把	1
18	活扳手	450 mm	把	1
19	内六角扳手	10 mm	把	1
20	缺口检查工具	4 mm	把	1
21	缺口检查工具	2 mm	把	1
22	套筒扳手	250 mm	把	1
23	套筒	16 mm	把	1

续表

序号	名称	规格/型号	单位	数量
24	套筒	19 mm	把	1
25	2/4 插片	2 mm/4 mm	块	1
26	铁丝	1.6 mm	m	5
27	汗布		m	0.2
28	万用表		块	1

操作步骤

步骤1　按作业标准化要求认真做好登记工作；通过对讲机与车站值班员联系，讲清作业地点、道岔号码及工作内容；与室内联系，扳动道岔，现场核对号码正确；断开安全接点。

步骤2　缺少表示杆连接销，如图1—44所示。

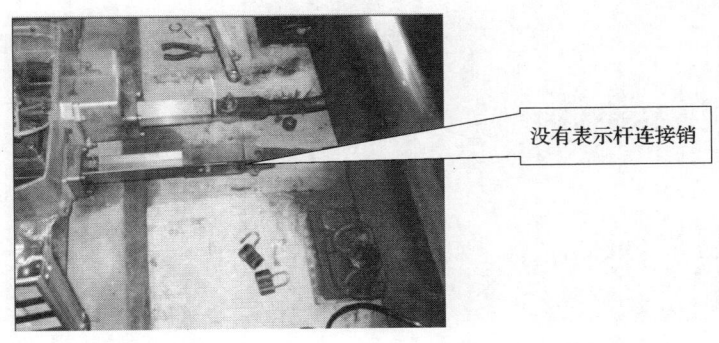

图1—44　步骤2

步骤3　缺少密贴调整杆绑扎铁丝，如图1—45所示。

图1—45　步骤3

步骤4 尖轨尖至第一牵引点处竖向间隙大于1 mm，如图1—46所示。

图1—46 步骤4

步骤5 工务尖轨顶铁间隙大于1 mm，如图1—47所示。

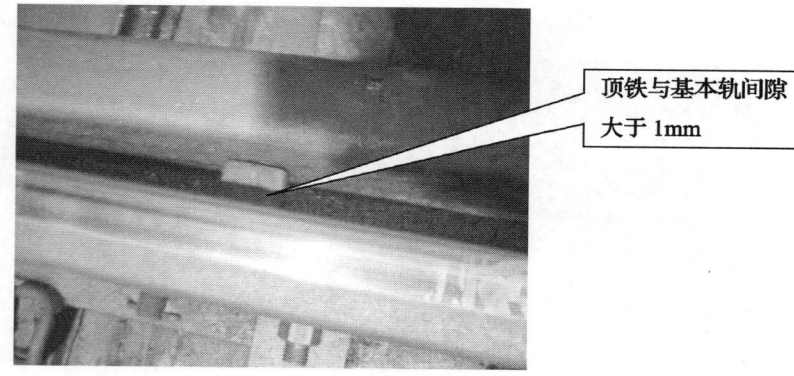

图1—47 步骤5

步骤6 动静接点接触深度小于4 mm，如图1—48所示。

图1—48 步骤6

步骤7　配线端子有松动,如图1—49所示。

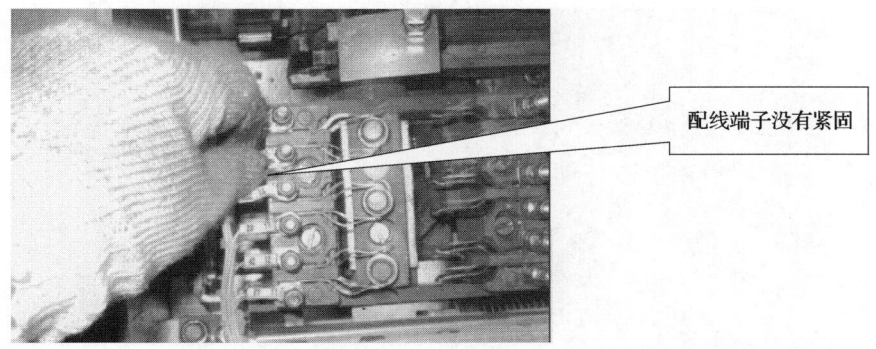

图1—49　步骤7

步骤8　缺口小于2 mm,如图1—50所示。

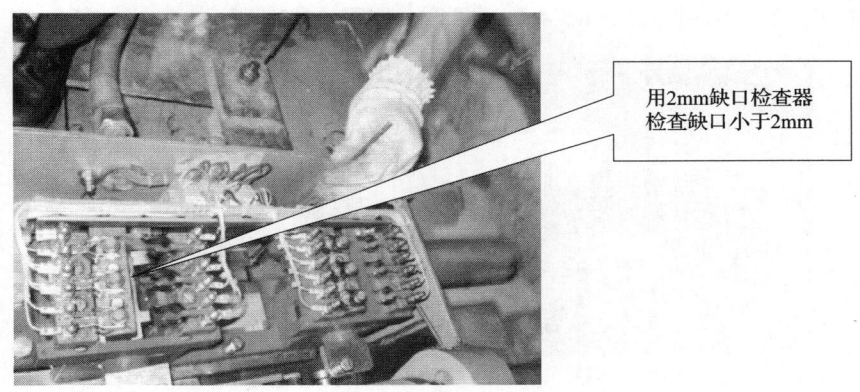

图1—50　步骤8

步骤9　手摇摇把检查摩擦力小,如图1—51所示。

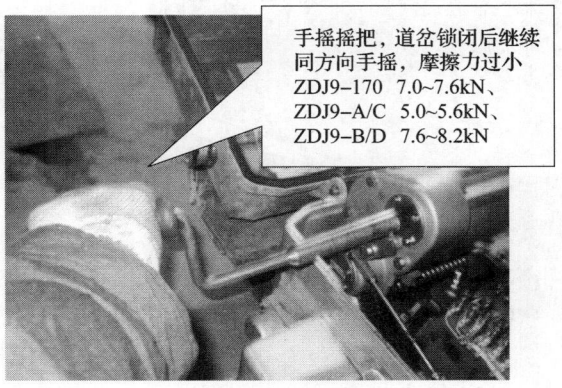

图1—51　步骤9

步骤10　手摇摇把，道岔尖轨无明显反弹，如图1—52所示。

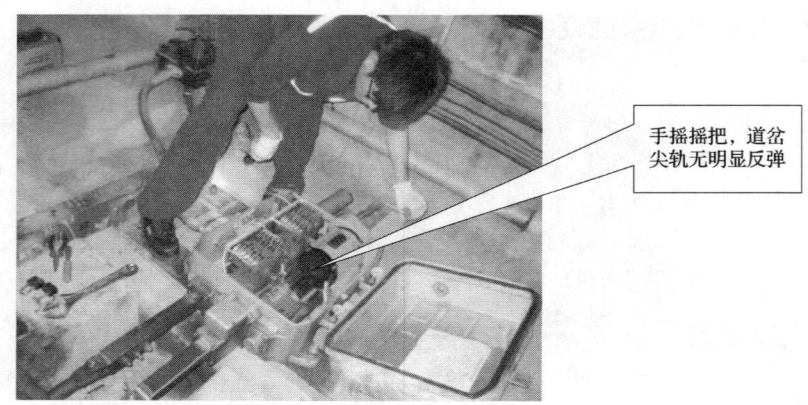

图1—52　步骤10

步骤11　第一牵引点2 mm、4 mm试验，如图1—53所示。

图1—53　步骤11

步骤12　复查定反位缺口，如图1—54所示。

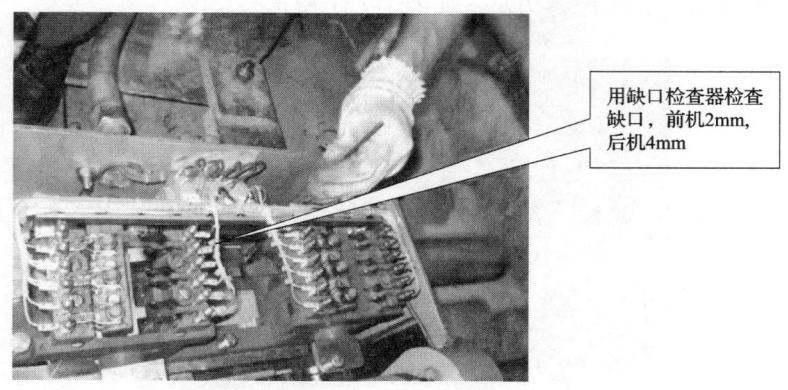

图1—54　步骤12

步骤13　销记，交付使用。

1.2.4 轨道电路概述

知识要求

1. 轨道电路的工作状态划分

轨道电路的基本工作状态分为调整状态、分路状态和断轨状态三种。轨道电路在各种工作状态下,要受到许多外界因素的影响,其中受道砟电阻、钢轨阻抗和电源电压的影响最大。这三个参数的影响,对各种工作状态造成的影响又各不相同。

(1)轨道电路的调整状态。轨道电路的调整状态,就是当轨道电路完整和空闲时,接收设备(如轨道继电器)正常工作时的状态。在调整状态,对轨道继电器来说,它从钢轨上接收到的电流越大,它的工作就越可靠。但这个电流值将随着道砟电阻、钢轨阻抗、发送电压的变化而变化。调整状态的最不利条件是:发送电压最低、钢轨阻抗最大、道电阻最小,同时轨道电路长度为极限长度。在最不利条件下,轨道电路接收设备应能可靠工作,反映轨道电路的空闲状态。

(2)轨道电路的分路状态。轨道电路的分路状态,就是当轨道电路区段有车占用时,接收设备(如轨道继电器)应被分路而停止工作的状态。当列车占用轨道时,它的轮对在两轨之间形成的电阻,按照一般电路的分析,可看成是短路作用。但轨道电路是低电阻电路,所以列车占用时,只能看成两钢轨间跨接的一个分路电阻,故称分路状态。分路状态的最不利条件是:发送电压最高、钢轨阻抗最小、道床电阻最大、列车分路电阻也最大(车轻、轮对少、车轮与钢轨接触面不洁)。在分路状态的最不利条件下,轨道电路接收设备应能可靠地停止工作,反映轨道电路区段有车占用。

(3)轨道电路的断轨状态。轨道电路的断轨状态,是指轨道电路的钢轨在某处折断时的情况,此时钢轨虽已折断但轨道电路认可通过大地构成回路,接收设备中还会有一定值的电流流过。为了确保安全,断轨时,接收设备应不能工作。断轨状态的最不利条件是,断轨时轨道电路的参数变化使轨道接收设备中获得最大电流。它除了与钢轨阻抗模值最小、发送电压最大有关外,断轨地点和道电阻的大小也对其有一定的影响。使接收设备中电流最大的最不利数值是临界断轨地点和临界道砟电阻。

2. 轨道电路的分路电阻

列车占用轨道电路时,列车轮对跨接在轨道电路的两根钢轨上构成轨道分路,这个分路的轮轴电阻就是列车分路电阻,它由车轮和轮轴本身的电阻和轮缘与钢轨头部表面的接触电阻组成。由于轮缘与钢轨头部表面的接触电阻很小,因此车轮和车轴形成的电阻比接触电阻小很多,可以忽略不计。实际上,列车分路电阻就是轮缘与钢轨头部的接触电阻,它是纯电阻。

列车分路电阻与钢轨上分路的车轴数、车辆的载重情况、列车的行驶速度、轮缘装配质量、钢轨表面的洁净程度、是否生锈、有无撒沙及其他油质化学绝缘层等因素均有关系,它的变化范围很大,可以从千分之几欧姆变化到 $0.06\ \Omega$,对于轻型车辆或轨道车还要更大。

(1)分路灵敏度。当轨道电路被列车车轮或其他导体分路,恰好使轨道电路继电器线圈电流减少到落下值时的列车分路电阻值(或导体的电阻值)就是该轨道电路的分路灵敏度。

(2)极限分路灵敏度。在轨道电路上各点的分路灵敏度不同,对于某一具体轨道电路来说,它的分路灵敏度应该以最小的分路灵敏度为准,称为极限分路灵敏度。

(3)标准分路灵敏度。我国现行标准规定分路灵敏度为 $0.06\ \Omega$,和国际上规定的分路灵敏度是一致的。任何轨道电路在分路状态最不利的条件下,用 $0.06\ \Omega$ 电阻进行分路时,轨道继电器应释放衔铁(连续式轨道电路)或不吸起(脉冲式轨道电路),否则不能保证分路状态的可靠工作。

3. 轨道电路的参数

(1)道砟电阻。轨道电路在电能传输中,电流是由一根钢轨经过枕木、道砟及大地漏泄到另一根钢轨上的漏泄电阻,称为道砟电阻,目前城市轨道交通基本采用整体道床,但是跟碎石道床一样也同样有道砟电阻的存在,如图1—55所示。

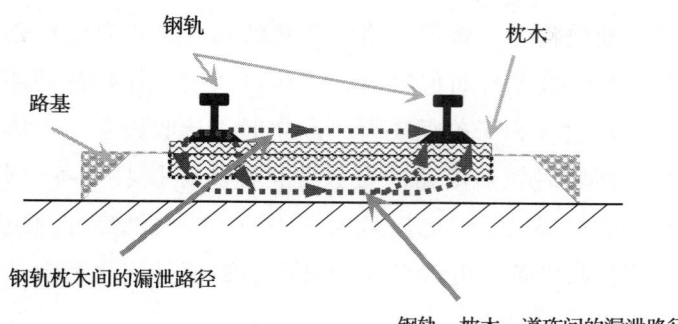

图1—55 道砟电阻(轨道电路漏泄电流)

道砟电阻与道砟材料、道砟层的厚度、清洁度、枕木的材质和数量、土质以及因气候影响的温度、湿度等有很大的关系，尤其是在气候变化时，道砟电阻也随之变化。对某一轨道电路来说，它的道砟电阻受外界影响可以从 $1\sim 2\ \Omega/km$ 变化到 $100\ \Omega/km$，通常在夏季湿热、降雨后 $8\sim 10\ min$ 时的道砟电阻最低，而严冬季节道砟冰冻时的道砟电阻最高。

（2）钢轨阻抗。钢轨阻抗包括钢轨条本身阻抗和两节钢轨连接处的各种阻抗。

在钢轨阻抗构成的各个元素中，各连接处的接触电阻随着接触面的大小、清洁程度、接触压力等因素也会改变。它在整个接头阻抗中占主要成分，在直流和低频交流时，不易精确计算。实际上，钢轨阻抗只能通过多次实际测量来确定。我国目前采用的单位钢轨阻抗标准值见表 1—8。

表 1—8　　　　　　　　　　　单位钢轨阻抗标准值

接续线形式	电源种类	钢轨阻抗（Ω/km）	
		区间	车站
塞钉式	交流（50 Hz）	1.0	1.2
	直流	0.6	0.8
焊接式	交流（50 Hz）	0.8	0.8
	直流	0.2	0.2
焊接长钢轨	交流（50 Hz）	0.65	0.65

4．轨道电路工作应用

（1）50 Hz 相敏轨道电路技术要求。用于城市轨道交通的交流工频轨道电路有 50 Hz 相敏轨道电路、PF 轨道电路。它们只有监督列车占用的功能，不能传输其他信息。城市轨道交通一般采用直流牵引，所以轨道电路可以采用 50 Hz 电源。50 Hz 相敏轨道电路用于城市轨道交通的车辆段内。50 Hz 相敏轨道电路包括继电式和微电子式，继电式可不注明，即 50 Hz 相敏轨道电路一般专指继电式。

（2）50 Hz 相敏轨道电路的组成。50 Hz 相敏轨道电路的组成如图 1—56 所示。它由送电端、受电端、钢轨绝缘、钢轨引接线、钢轨接续线、回流线及钢轨组成。送电端包括 BG5-D 型轨道变压器、R-2.2/220 型变阻器及断路器（或熔断器），安装在室外的变压器箱内。轨道电源从室内通过电缆送至送电端。受电端包括 BZ-D 型中继变压器、R-2.2/220型变阻器、断路器（或熔断器）、轨道继电器、电容器、防雷元件等。其中中继变压器、变阻器及10 A断路器（或熔断器）安装在室外的变压器箱或电缆盒内，其他安装在室内的组合架上。送、受电端视相邻轨道电路的不同组合，有双送、一送一受、双受及单送、单受等不同情况，除双受、单受可采用电缆盒外，其他情况必须采用变压器箱。变压器箱或电缆盒用钢轨引接线接向钢轨。钢轨接续线用来连接相邻钢轨，以减小钢轨接头处的接触电阻。钢轨绝缘设于轨道电路分界处，用以隔离相邻的轨道电路。回流线连接相邻的不同侧钢轨，为牵引回流提供越过钢轨绝缘节的通路。

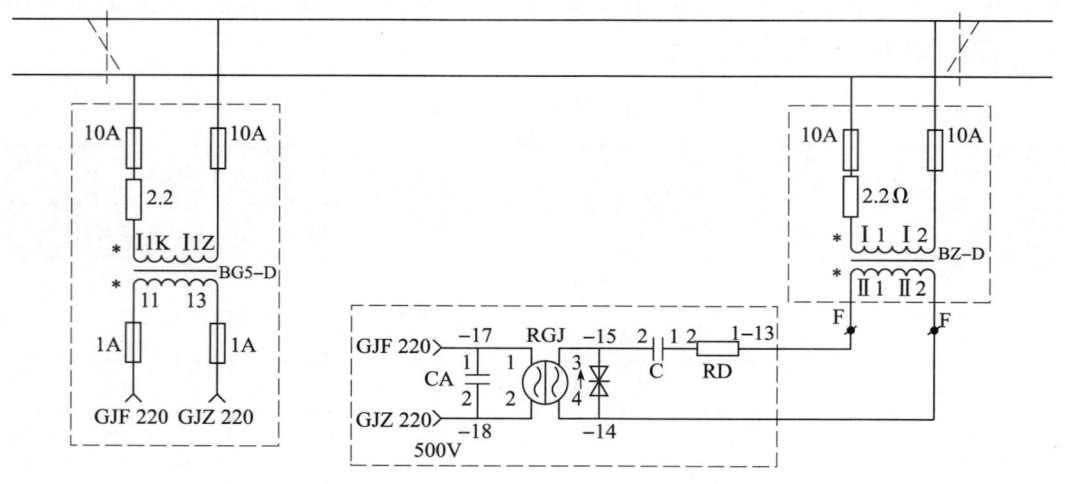

图1—56 50 Hz相敏轨道电路

(3) 50 Hz相敏轨道电路工作原理。50 Hz相敏轨道电路为有绝缘双轨条轨道电路，牵引回流为单轨条流通。电源屏分别供出50 Hz轨道电源和局部电源。送电端轨道电源GJZ220、GJF220经轨道变压器降压后送至钢轨。受电端由钢轨来的电压经中继变压器升压后送至轨道继电器RGJ的轨道线圈3—4。轨道继电器RGJ的局部线圈2—1接局部电源GJZ220、GJF220。当轨道线圈和局部线圈电源满足规定的相位和频率要求时，GJ吸起，轨道电路处于调整状态，表示轨道电路空闲。列车占用时，轨道电源被分路，GJ落下。若频率、相位不符合要求时，GJ也落下（当φ_J超前φ_G 90°时，在翼板上得到正方向转矩，接通前接点；而当φ_J滞后φ_G 90°时，则在翼板上得到反方向转矩，使后接点更加闭合）。由于50 Hz相敏轨道电路具有相位鉴别能力，即相敏特性，所以抗干扰性能较高。

技能要求

50 Hz 相敏轨道电路检修

操作准备

50 Hz 相敏轨道电路检修工具见表1—9。

表1—9　　　　　　　　50 Hz 相敏轨道电路检修工具

序号	名称	规格、型号	单位	数量
1	榔头		把	1
2	一字旋具	6 mm×150 mm	把	1
3	十字旋具	6 mm×150 mm	把	1
4	钢丝钳	150 mm	把	1
5	斜口钳	150 mm	把	1
6	尖嘴钳	150 mm	把	1
7	扁口钳	75 mm	把	1
8	医用钳		把	1
9	呆扳手	10～12 mm	把	1
10	活扳手	150 mm	把	1
11	活扳手	250 mm	把	1
12	卷尺	3 m	把	1
13	套筒	5 mm	把	1
14	套筒	6 mm	把	1
15	长嘴油壶		把	1
16	万用表	数字式或指针式	块	1
17	棉布		块	若干
18	棉纱头		克	若干
19	尼龙扎带		根	若干
20	0.06 Ω 分路线		根	1

操作步骤

步骤1 在车控室设备故障登记簿上登记要点,向值班员讲清作业内容、作业时间、作业地点,经行调员同意、车站值班员签字后方可进入现场作业,联系时用语简单明了,如图1—57所示。

步骤2 检查轨道电路,钢轨轨缝保持在6~10 mm,钢轨无肥边;轨端绝缘、槽形绝缘、道岔绝缘良好,无破损,如图1—58所示。

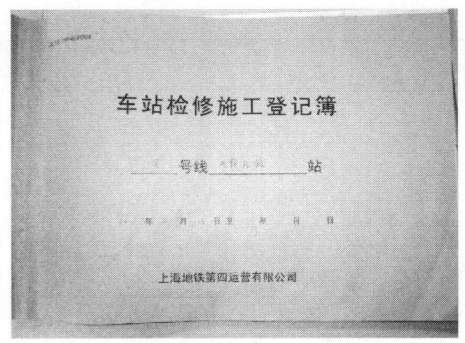
图1—57 步骤1

图1—58 步骤2

步骤3 检查道岔跳线、钢轨接续线、回流线、箱盒引入线完整。钢轨接续线、箱盒引入线塞钉打入深度最少与钢轨腰平行,引接线在箱盒内固定牢固,头子不松动。回流线焊接接头牢固、饱满,焊位正确,导线无损伤,如图1—59所示。

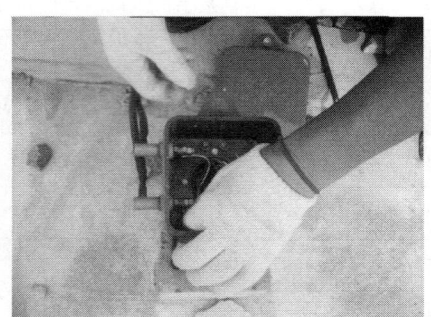
图1—59 步骤3

步骤4 检查轨道电路送受电端箱盒完整、无裂纹,基础不倾斜,箱内变压器、电阻完好,熔丝容量正确,配线整齐,线头不松动,备用电缆芯线完好,箱内螺钉紧固,清扫良好,如图1—60所示。

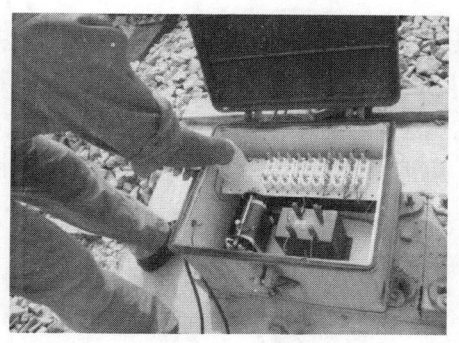

图1—60 步骤4

步骤5 测量轨道电路送电端电气数值,包括变压器一次侧电压、变压器二次侧电压、滑动变阻器电压、送电端轨面电压,如图1—61所示。

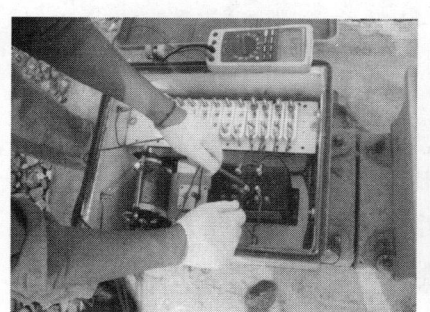

图1—61 步骤5

步骤6 测量轨道电路受电端电气参数,包括受电端轨面电压、滑动变阻器电压、变压器一次侧电压、变压器二次侧电压,如图1—62所示。

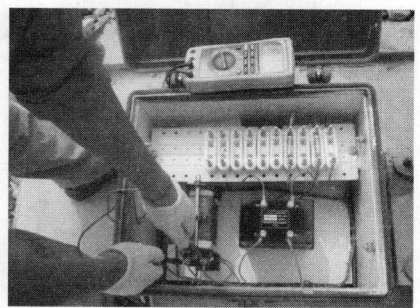

图1—62 步骤6

步骤7　使用轨道电路测试盘测量轨道继电器端电压（只要在轨道电路测试盘上扳动轨道电路开关即能测量到该轨道电路的电压值），如图1—63所示。

步骤8　使用0.06Ω标准分路电阻线在轨道电路送、受电端轨面上分路时轨道继电器应可靠落下，其端电压应不大于7.4 V。

步骤9　若在信号机房轨道电压测试盘上测得某个区段电压只有9 V偏低（标准电压为16～18 V），需要升高送电端电压，如图1—64所示。

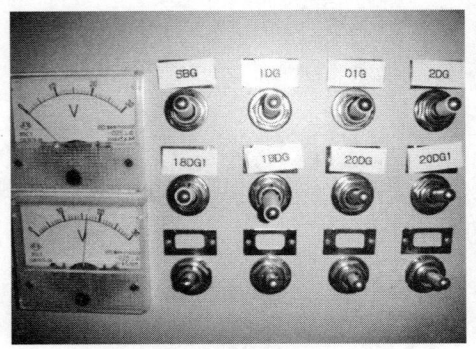

图1—63　步骤7　　　　　　　　图1—64　步骤9

步骤10　打开该区段送电端变压器箱，根据BG5-D型变压器后面的调整表进行调整，在变压器二次侧升高输出电压，同时用对讲机联系在机房内的维护人员，在轨道测试盘上测得电压为17 V，该区段电压调整完毕，如图1—65所示。

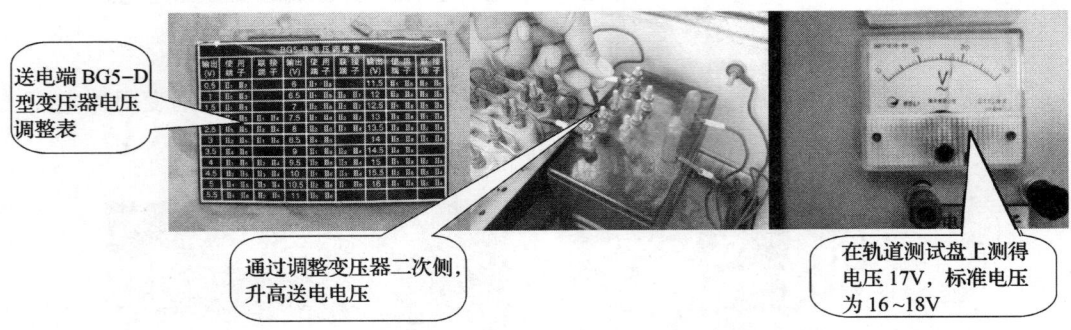

图1—65　步骤10

步骤11　用万用表交流10 V挡在变压器二次侧测输出电压，如图1—66所示。

步骤12　用万用表交流10 V挡在限流电阻上测出限流电压（限流电阻阻值必须设置在大于2/3处），如图1—67所示。

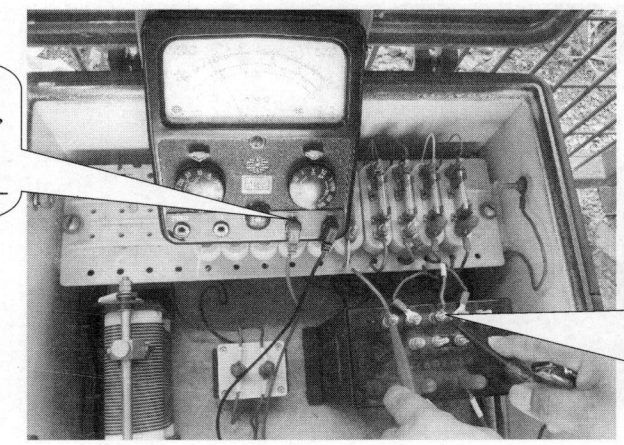

图1—66　步骤11

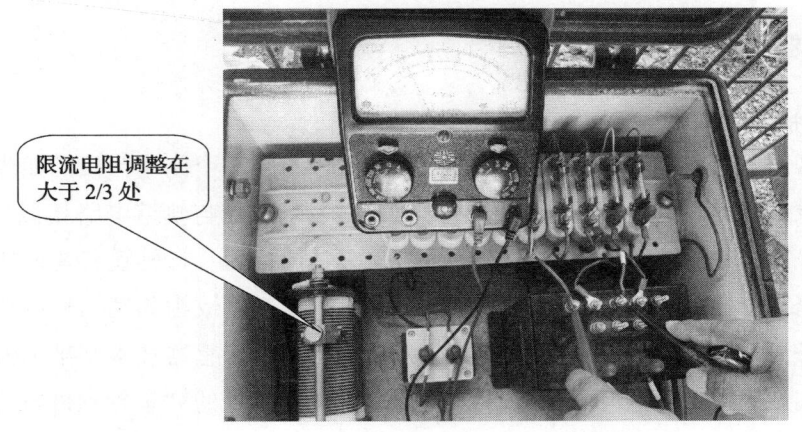

图1—67　步骤12

步骤13　用万用表交流10 V挡在过轨电缆接线端子及箱盒引接线端子上测出轨面电压，如图1—68所示。

步骤14　分路灵敏度测试，模拟列车占用和出清，用0.06 Ω的分路线跨接在两根钢轨上，使该区段的轨道继电器可靠落下，并与车站值班员确认该区段显示红光带；撤去分路线，轨道继电器吸起，红光带消失。

步骤15　完成"三清"（人员清、工具清、物料清）工作后撤离现场。

步骤16　到车控室销点，与车站值班员双方确认设备正常，并在设备登记簿上签字后方能离开（车站值班员也需签字确认）。

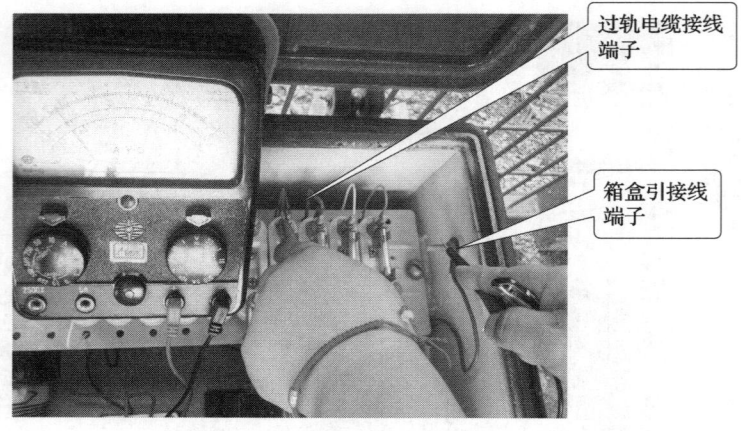

图 1—68 步骤 13

1.2.5 计轴器、应答器

知识要求

1. 计轴设备概述

每个区间（两个站之间）划分为若干闭塞区段，在每个闭塞区段的始端和终端都安装计轴设备，目的是检测每个区段的占用情况，其功能与轨道电路相似。计轴设备仅能检测该区段是否被车占用，不能够给出列车具体位置。计轴设备与联锁设备相连接，为进路编排提供基础信息。一般情况下，计轴设备将成为移动闭塞的后备模式下的主要设备。计轴系统是基于计算机技术、通信技术和传感器技术基础上开发的新型计轴系统，是一种位于轨道旁的设备，对通过它所在位置的列车轮轴进行计数。计轴器是一种用来替代轨道电路的列车占用检测设备。

2. 计轴设备基本工作原理

计轴系统是一种类似轨道电路的列车占用检测设备，所不同的是通过对物理轮轴的检测，来表示轨道区段的空闲、占用和受扰三种状态。物理轮轴的检测是通过置于轮轨旁的两个计轴头之间的磁场干扰来实现的。计轴器通常用两个并排紧靠的圆来表示，这是因为计轴器物理形状就是类似的图形，并排紧靠安装在轮轨旁的两个圆盘。除了对通过它所在位置的轮轴进行计数，计轴器还可以通过轮轴数的正负符号来指出轮轴通过的方向。图 1—69 所示为磁头工作原理，Sk1 和 Sk2 对应一个计轴点并列的两个磁头，两个磁头对切割磁力线的信息反馈相差 1/4 相位，室内评估器通过对相位的检测来实现对轮对计数及确定行驶方向。

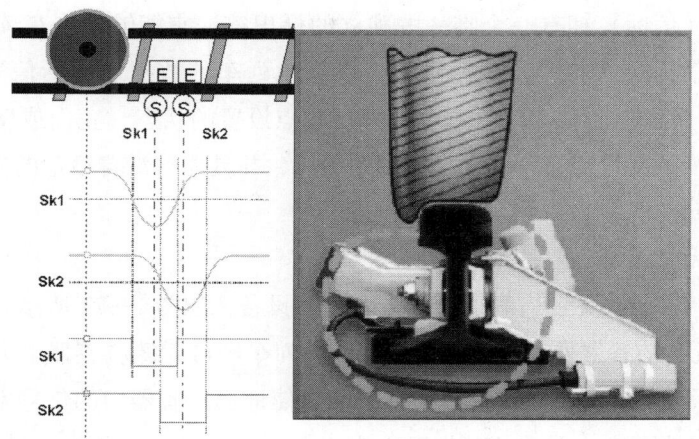

图 1—69 磁头工作原理

计轴磁头通过物体对切割磁力线产生的效果,来取得线路信息。在三种不同状态下切割磁力线的图示如图 1—70 ~ 图 1—72 所示。

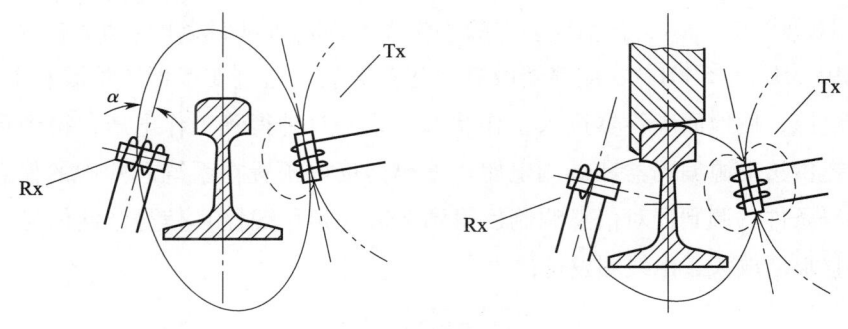

图 1—70 轨道空闲　　　　　　图 1—71 轨道占用

计轴区段的占用、空闲、受扰状态通过 I/O 接口从计轴核算器输出到联锁系统。关于计轴区段准备—复位、未准备—复位的单独显示作为区域控制器的一个安全输入。计轴核算器输出的占用状态送到联锁,当计轴核算器确定区段受扰时,同样输出给联锁为占用状态。

3. 应答器(信标)概述

应答器(信标)是安装在线路沿线反映线路绝对位置的物理标志。当列车通过这些应答器及信标上方时,

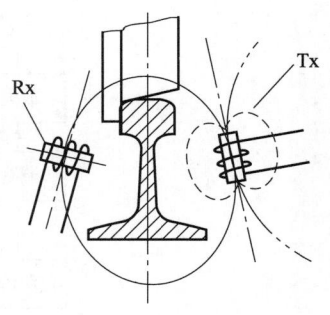

图 1—72 计轴受扰

它能够在进路地图中将自己的位置重新定义，同时列车接收相应的轨道数据。当然，相应的应答器（信标）拥有一个唯一的独立的标识符，它能够被列车读出。轨道数据通过应答器（信标）从轨旁发送给列车。发送给列车的数据还包括信号机点灯状态、前方进路情况、停车点的状态（停或不停）、每点设置的状态（正向或反向）等。从这些数据中列车按照接收到的命令做出相应的操作，并且能够沿着给定的方向运行。

4．应答器分类

应答器分无源和有源两种。

（1）无源应答器。无源应答器作为一个电磁设备，如图1—73所示。它没有外接电源供电，平时无源应答器处于静止休眠状态；当列车经过无源应答器上方时，地面应答器接收到车载天线传递的载频能量，获得电能量使地面应答器中的信号发生器工作，然后将事先存储在地面应答器中的数据发送出去。这些信息可以包含公里标、线路坡度、限速等各种数据信息。列车接收到这些信息，通过车载控制系统得出最佳的运行速度，以保证行车安全。列车也可以根据接收到的信息确定列车在线路的精确位置。

当安装在列车底部的应答器天线与地面应答器之间的磁场达到了规定的范围时（有效作用长度≥0.5 m），地面应答器的感应线圈感应到列车发出的功率载波（功率载频为27.095 MHz±5 kHz），应答器收到上述载频后，通过变换器、检波和电压调节，输出直流电压，使地面应答器进入工作状态。系统时钟得到工作电压，得到系统工作时钟，并提供给信源编码器和调制电路。编码器读取预置在系统芯片中的信息，给出调制器编码条件。调制器对信息调制后得到FSK（频移键控）信号，此信号再经过低通滤波器整形后放大，由线圈发送出去。

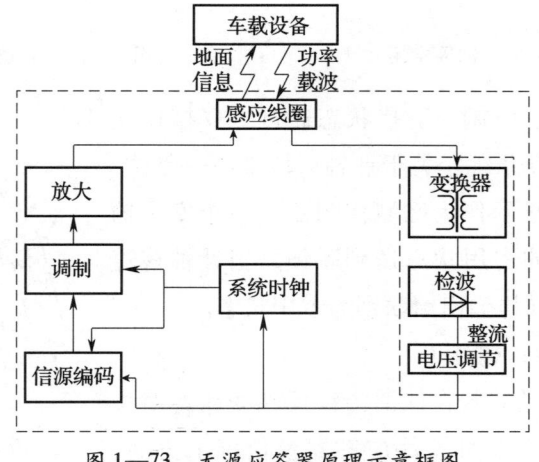

图1—73 无源应答器原理示意框图

(2）有源应答器。有源应答器需要外接电源向其供电，如图1—74所示。它由可变信息应答器、轨旁电子单元（LEU）、车站信息编码设备和连接电缆组成。由于有源应答器接有车站信息编码设备，因此有源应答器内的数据信息可以随外部控制条件产生变化。例如，设置于地面信号机旁的应答器，它将信号机的显示状态的数据信息通过应答器传送给列车，对应信号机的不同显示，数据信息是可变的。有源应答器在城市轨道交通点式 ATP 子系统中得到广泛应用，在 CBTC 的后备系统中也被普遍采用。当列车接近应答器的一定距离时，地面应答器内的数据应该保持不变，当列车远离应答器时，数据可以随时变化。车站的信息编码设备和车站联锁系统结合，采集联锁系统的有关信息，如信号机的显示、道岔的位置、临时限速等。这些信息经过编码设备编码后，通过串行接口传送至轨旁电子单元，再通过它控制地面有源应答器的发送，为列车提供实时信息。

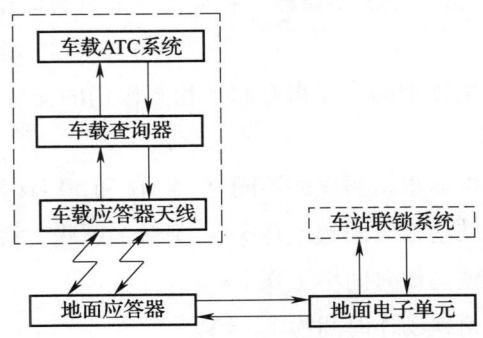

图1—74 有源应答器原理示意框图

应答器作为保证行车安全的信号设备，应符合安全标准。早在1996年，欧洲铁路联盟就对应答器做出了相应的规定。我国城市轨道交通使用的应答器大部分符合欧洲标准，再结合我国轨道交通的特点设计的。设计应答器时，应遵循以下设计原则：参照欧洲列车控制系统（ETCS）的标准设计，并符合我国轨道交通的运行状况；具有抗电化干扰的能力，并且不应对其他设备产生干扰；应采用模块化结构、统一接口、标准协议，能与其他信号系统结合或进行数据交换；系统的信息编码，应符合国际标准；易于安装、调试，采用高可靠性设计，防机械冲击和振动，可满足封装密封、元器件防震、耐高温及防潮等环境要求。

基于以上原则，对地面应答器进行设计。无源应答器比有源应答器的设计要复杂，而且无源应答器只需去除电源电路改由外部供电，即可被当作有源应答器使用。

理论知识复习题

一、判断题（将判断结果填入括号中。正确的填"√"，错误的填"×"）

1. 继电器的工作就是控制若干接点组的闭合和断开，一个完整的接点组由衔铁和轭铁、后接点及上下两个托片组成。（   ）

2. 偏极继电器具有反映电流极性的性能，一般使用在道岔表示电路及半自动闭塞电路中。（   ）

3. 有极继电器也能反映电流极性，并能保持极性状态，即当电流切断后它能保持原来电流极性工作的状态。（   ）

4. 整流式继电器的结构与有极继电器类似，由于整流式继电器用于交流电路中，所以在继电器中安装了半波或全波整流器，将交流变成直流以动作直流有极继电器。（   ）

5. 交流二元二位继电器中的二元指有两个相互作用的交变电磁系统，二位指继电器有吸起和落下两种状态。（   ）

6. 交流二元二位继电器根据频率的不同有 25 Hz 和 50 Hz 两种。（   ）

7. 缓动继电器，衔铁动作时间超过 0.3 s，又分为缓吸、缓放。（   ）

8. 缓动继电器，衔铁动作时间小于 0.1 s。（   ）

9. 正常动作继电器衔铁动作时间为 1～3 s。（   ）

10. 继电器按照接点的结构可分为加强接点继电器、缓放接点继电器两类。（   ）

11. 继电器按工作可靠程度分类可分为安全型继电器、电磁感应型继电器。（   ）

12. 继电器的缓放时间，表示向继电器线圈通以规定的电压或电流后，切断电源，从断开电源时起至全部动接点离开前接点的时间。（   ）

13. 高柱透镜式色灯信号机由机柱、机构、托架、梯子等部分组成。（   ）

14. LED 小型信号机的机构比透镜式色灯信号机小了许多，适合安装于地下空间较小的洞体，满足设备限界的要求。（   ）

15. 色灯信号机灯泡的端子电压为额定值的 75%～85%。（   ）

16. 定焦盘灯座具有灯泡和灯座是平面接触的特点，可以基本上保证光中心高度的一致性。（   ）

17. 减速器可以起摩擦连接作用，防止损坏机件或烧毁电动机。   （   ）
18. 列车的轮对电阻远大于轨道电路继电器线圈电阻。   （   ）
19. 利用轨道电路可以监督列车在区间或列车和调车车列在站内的占用。   （   ）
20. 音频轨道电路轨道区段间，不设绝缘节，而用阻抗连接器加以区分。   （   ）
21. 轨道电路由钢轨、轨道绝缘、轨端接续线、引接线、送电设备及受电设备等主要元件组成。   （   ）
22. AF-904轨道电路向机车发送的信息格式是被转换成二进制移频键控串行格式。   （   ）
23. AF-904轨道电路采用BFSK调制方式向列车不间断地发送经过数字编码的数据帧。   （   ）
24. 列车占用轨道电路时，列车轮对跨接在轨道电路的两根钢轨上构成轨道分路，这个分路的轮轴电阻就是列车分路电阻。它由车轮和轮轴本身的电阻和轮缘与钢轨头部表面的接触电阻组成。   （   ）
25. 计轴区段是设计用来替代轨道电路的列车占用区域。   （   ）

二、单项选择题（选择一个正确的答案，将相应的字母填入题内的括号中）

1. 继电器的电磁系统由线圈、固定的铁芯和轭铁及可动的（   ）组成。
   A. 动接点   B. 衔铁   C. 静接点   D. 中接点
2. JWXC-1700型直流无极继电器的供电电压为直流（   ）。
   A. 12 V   B. 20 V   C. 24 V   D. 30 V
3. 按照动作原理分类，信号继电器可分为（   ）。
   A. 电磁型和感应型   B. 直流型和交流型
   C. 安全型和非安全型   D. 电流型和电压型
4. 继电器通常作为自动控制系统的（   ）。
   A. 接口电路   B. 接口部件   C. 接口继电器   D. 末端部件
5. 继电器在自动控制系统中用以构成（   ）和远程控制电路。
   A. 近端控制   B. 接近控制   C. 自动控制   D. 电气控制
6. 继电器在自动控制系统中用于（   ）电路。
   A. 开路和短路   B. 接通和断开 C. 旁路和分路   D. 闭合和切断
7. 安全型继电器的接点片弹性减弱，接点压力降低，继电器的工作值和落下值的变化为（   ）。
   A. 工作值升高，落下值降低   B. 都不变

C. 工作值降低，落下值升高　　　　D. 都升高

8. 无极继电器的机械特性指标是指接点压力、动接点自由动程、接点间隙、（　　）。

　　A. 接点接触电阻　　B. 线圈电阻　　C. 衔铁重力　　D. 托片间隙

9. 透镜式色灯信号机构的型号为 XSG－HL，以下解释完整正确的是（　　）。

　　A. 高柱红绿显示色灯信号机构　　　　B. 红绿发车信号机构
　　C. 矮型红绿色灯信号机构　　　　　　D. 矮柱色灯显示机构

10. 转辙机按动作速度分类，普通动作时间的标准为（　　）。

　　A. 3.8 s 以上　　B. 3.6 s 以上　　C. 2.8 s 以上　　D. 2.6 s 以上

11. 复式交分道岔活动心轨其尖轨开程为（　　）。

　　A. 80～85 mm　　B. 80～90 mm　　C. 80～95 mm　　D. 85～90 mm

12. 电动机换向器修配后直径为（　　）。

　　A. 41 mm　　B. 42 mm　　C. 43 mm　　D. 44 mm

13. 在摩擦电流标准范围内，摩擦弹簧调整后相邻圈间隙不得小于（　　）。

　　A. 1 mm　　B. 1.5 mm　　C. 2.0 mm　　D. 2.5 mm

14. 减速器技术要求之一为松开摩擦带紧固螺栓，在输出轴不旋转条件下，测试转辙机空载电流不大于（　　）。

　　A. 0.2 A　　B. 0.4 A　　C. 0.6 A　　D. 0.8 A

15. 自动开闭器拉簧一般情况下自由长度是（　　）。

　　A. 48 mm　　B. 58 mm　　C. 68 mm　　D. 78 mm

16. 锁闭齿轮锁闭圆弧与齿条块两削尖齿不同时接触，其最大间隙不应超过（　　）。

　　A. 0.01 mm　　B. 0.03 mm　　C. 0.05 mm　　D. 0.07 mm

17. ZD6－D 型转辙机的表示杆动程为（　　）。

　　A. 70～167 mm　　B. 70～168 mm　　C. 70～196 mm　　D. 70～200 mm

18. 动作杆与齿条块相对的轴向错移量和圆周方向的转动量均不大于（　　）。

　　A. 0.1 mm　　B. 0.2 mm　　C. 0.3 mm　　D. 0.4 mm

19. 转辙机齿条块上的削尖齿和（　　）上的圆弧构成内部锁闭。

　　A. 表示杆　　B. 动作杆　　C. 锁闭齿轮　　D. 减速器

20. ZD6 型电动转辙机当插入手摇把或打开机盖时，安全接点断开不少于（　　）。

A. 1 mm　　　B. 2 mm　　　C. 3 mm　　　D. 4 mm

21. 锁闭齿轮圆弧与削尖齿圆弧间隙不得大于（　　）。
　　A. 0.01 mm　　B. 0.03 mm　　C. 0.05 mm　　D. 0.07 mm

22. 组装后的安全接点应接触良好，接触深度大于（　　）。
　　A. 2 mm　　　B. 3 mm　　　C. 4 mm　　　D. 5 mm

23. ZYJ7-GZ式液压转辙机的液流压力应为（　　）MPa。
　　A. 8~9　　　B. 9~10　　　C. 11~12　　　D. 13~14

24. ZYJ7-GZ式液压转辙机的前机表示缺口应为（　　）mm。
　　A. 1±0.5　　B. 2±0.5　　C. 1.5±0.5　　D. 2.5±0.5

25. ZYJ7-GZ式液压转辙机的后机表示缺口应为（　　）mm。
　　A. 2±1.5　　B. 3±1.5　　C. 4±1.5　　D. 4.5±1.5

26. 轨道电路在各种工作状态下，要受到许多外界因素的影响，下列选项中（　　）不是影响最大的外界因素。
　　A. 电源电压　　B. 钢轨阻抗　　C. 天气状况　　D. 道砟电阻

27. 在分路状态最不利条件下，有列车分路时，对于脉冲式轨道电路，要保证轨道继电器的端电压（　　）它的可靠不吸起值。
　　A. 不大于　　　B. 不小于　　　C. 大于　　　D. 等于

28. 对某轨道电路来说，各点的分路灵敏度中的最小值，就是该轨道电路的（　　）。
　　A. 极限分路灵敏度　　　　B. 分路效应
　　C. 标准分路灵敏度　　　　D. 分路灵敏度

29. （　　）是衡量轨道电路分路效应优劣的标准。
　　A. 极限分路灵敏度　　　　B. 分路效应
　　C. 标准分路灵敏度　　　　D. 分路灵敏度

30. 应答器（信标）按照供电方式可分为有源应答器（信标）和（　　）应答器（信标）两种。
　　A. 美式　　　B. 无源　　　C. 有源　　　D. 欧式

31. （　　）应答器（信标）有单独的外部电源，可以实现车地的双向通信。
　　A. 美式　　　B. 无源　　　C. 有源　　　D. 欧式

32. （　　）提供的位置精度很高，达厘米量级。
　　A. 应答器（信标）　B. 轨道电路　　C. 列车天线　　D. 计轴

33. 设备（　　）用于轨旁向列车发送开门命令之前使列车停在站台的适当位置。
    A．8 m 信标器　　B．停车模块　　C．对位天线　　D．惰行信标器

理论知识复习题答案

一、判断题

1. × 　2. √ 　3. √ 　4. × 　5. × 　6. √ 　7. √ 　8. × 　9. ×
10. × 　11. × 　12. √ 　13. √ 　14. √ 　15. × 　16. √ 　17. √ 　18. ×
19. √ 　20. √ 　21. √ 　22. √ 　23. √ 　24. √ 　25. √

二、单项选择题

1. B 　2. C 　3. A 　4. B 　5. C 　6. B 　7. D 　8. D 　9. A
10. A 　11. D 　12. D 　13. B 　14. D 　15. C 　16. C 　17. A 　18. C
19. C 　20. B 　21. C 　22. C 　23. C 　24. B 　25. C 　26. C 　27. A
28. A 　29. C 　30. B 　31. C 　32. A 　33. B

第 2 章

联锁与闭塞

学习目标

- ☑ 了解信号联锁的种类。
- ☑ 了解地铁闭塞的形式。
- ☑ 掌握信号联锁的基本条件。
- ☑ 掌握信号闭塞原理。

2.1 信号联锁

2.1.1 联锁的基本条件

知识要求

联锁是指车站的道岔、进路和信号之间相互制约的关系。实现它们之间的联锁关系的设备，称为联锁设备。城市轨道交通联锁主要控制内容包括：列车进路、引导进路、进路的锁闭与解锁和取消、信号机开放和关闭、道岔操纵后锁闭和解锁、区间临时限速、扣车和取消、遥控和站控、站台紧急关闭和取消。

1. 联锁的基本要求

（1）防止建立会导致机车车辆相冲突的进路。

（2）必须使列车或调车车列经过的所有道岔均锁闭在与进路开通方向相符合的位置。

（3）必须使信号机的显示与所建立的进路相符。

进路上各区段空闲时才能开放信号，这是联锁最基本的技术条件之一。如果进路上有车占用，却能开放信号，则会引起列车、调车车列与原停留列车发生冲突。这是绝对不允许的。

进路上有关道岔在规定位置才能开放信号，这是联锁最基本的技术条件之二。如果进路上有关道岔开通位置不对却能开放信号，则会引起列车、调车车列进入异线或挤坏道岔。信号开放后，其防护的进路上的有关道岔必须被锁闭在规定位置，而不能转换。

敌对信号未关闭时，防护该进路的信号机不能开放，这是联锁最基本的技术条件之三。否则，列车或调车车列可能造成正面冲突。信号开放后，与其敌对的信号也必须被锁闭在关闭状态，不能开放。

2．进路的锁闭

（1）预先锁闭。指进路锁闭、信号机开放后，列车尚未驶入接近区段，这时进路所处的状态为预先锁闭状态。这时取消进路，道岔区段立即可以解锁。

（2）完全锁闭（接近锁闭）。指进路锁闭、信号机开放后，列车已经驶入接近区段，进路已处于完全锁闭状态。这时要取消进路，必须在延时（60 s 等）时间段以后，才能解锁；列车通过进路以后，进路会自动正常解锁。实现"三点检查、逐段解锁"。

3．进路的解锁

根据进路解锁的条件和时机的不同，有 5 种进路解锁方式，即取消进路、人工延时解锁、正常解锁、调车中途折返解锁及故障解锁。

（1）取消进路。进路建立后，由于某种原因而需解除时，只要进路确实在预先锁闭状态而且进路空闲，则在操作人员的规范操作下可立即解锁。

（2）人工延时解锁。进路在接近锁闭的状态下，若由于某种原因而需解锁时，在操作人员的人工解锁规范操作之后，首先使信号机关闭。从信号关闭时算起，延迟一定时间并且进路在空闲状态下才能解锁。延时的目的是当司机看到禁止信号后能在延时期间将列车停下，停车后再使进路解锁就是安全的。延迟的时间应大于或等于制动时间。

（3）正常解锁。正常解锁是指列车或车列通过了进路中的道岔区段后使进路自动解锁。进路正常解锁分为一次解锁和分段解锁两种方式。一次解锁是指列车或车列越过了进路中的全部道岔区段后，各个道岔和敌对进路同时一次解锁；分段解锁是按进路中的轨道电路区段逐段地解锁，即列车或车列每通过一段轨道电路区段，该区段就自动地解锁，也就是该区段内的道岔及与该区段有关的敌对进路被解锁了。一般来说，一次解锁能节省联锁器件，减少设备投资，但降低了轨道线路的利用率；而分段解锁则多用了一些联锁器件，但提高了线路的利用率。在我国广泛采用的是分段解锁方式。

（4）调车中途折返解锁。这是调车进路的一种解锁方式。在进行转线调车作业时，整个作业过程按运行方向可分为牵出和折返两个过程。中途折返解锁的关键在于提出充要条件以证明车列确实已经折返而离开了牵出进路中的待解锁区段。

（5）故障解锁。以上 4 种进路解锁方式均需借助于轨道电路的预期的有序的动作情况来判断列车或车列所处的位置，不致使区段错误解锁而危及行车安全。如果由于某种故障或其他原因而导致轨道电路出现了异常动作状态，那么就不能用上述解锁方式了。在这种情况下，需采取特殊的故障解锁方式解锁。该解锁方式需在两人确认下进行操作。

2.1.2 联锁的种类

知识要求

城市轨道交通信号联锁设备有电气集中联锁和计算机联锁两大类设备。

用电气的方法集中控制和监督全站的道岔、进路和信号机，并实现它们之间联锁的设备称为电气集中联锁设备，简称电气集中联锁。若是用继电器组成的电路来进行控制并实现联锁的设备，称为继电式电气集中联锁，简称继电集中联锁。继电集中联锁采用色灯信号机，道岔由转辙机转换，进路上所有区段均设有轨道电路，在信号楼进行集中控制和监督。

电气集中联锁把全部道岔、进路和信号集中起来控制和监督，在一定程度上实现了站内行车指挥的自动控制，能准确及时地反映现场行车情况，不再需要分散控制时所需的联系时间，而且完全清除了因联系错误而引起的事故，因而大大提高了行车安全程度和作业效率，并且极大地改善了行车人员的劳动条件。电气集中联锁具有操作简便、办理迅速、表示完善、安全可靠等一系列优点。

随着计算机技术的发展，计算机联锁得到很好的应用，计算机联锁大大提高了继电集中联锁的功能，并方便设计、施工、维修和使用，而更有利的是节省了大量的空间。计算机联锁正在迅速发展，是车站联锁设备的发展方向。

1. 6502 电气集中（继电联锁）

城市轨道交通线路的车辆段或停车场均采用 6502 电气集中方式，在信号楼进行集中控制。6502 电气集中是组合式电路。按道岔、信号机和轨道电路区段为基本单元设计成定型的单元电路，称为继电器组合，简称组合。将各种组合按站场形状拼装起来即成为组合式电路。组合式电路具有简化设计、加速施工、工厂预制、便于维修等优点。

6502 电气集中采用双按钮选路方式，只需按压两个进路按钮，就能转换道岔、开放信号，而且不论进路中有多少组道岔均能一次转换，简化了操作手续，提高了效率。

6502电气集中采用逐段解锁方式。它把进路分为若干段，采用多次分段解锁的方式，即列车或调车车列出清一段解锁一段。

2．6502电气集中的设备组成

电气集中包括室内设备和室外设备，其组成如图2—1所示。室内设备有控制台、区段人工解锁按钮盘、继电器组合及组合架、电源屏、分线盘等。室外设备有信号机、转辙机、轨道电路，以及连接室内外设备的电缆线路。

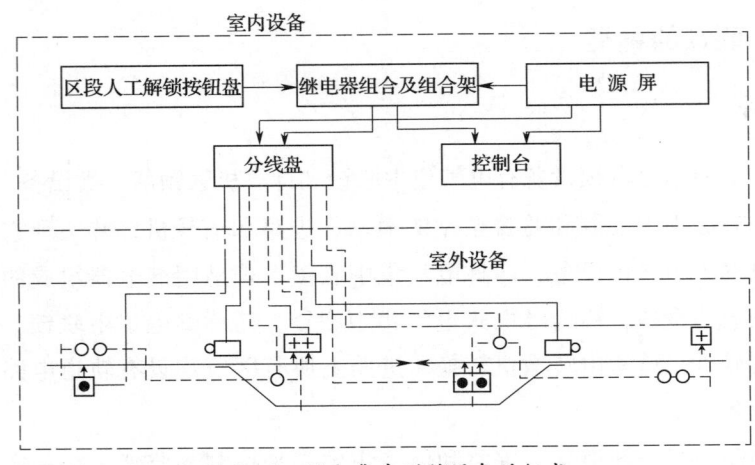

图2—1　继电集中联锁设备的组成

3．6502电气集中的工作原理

6502电气集中电路的动作层次是：先选择进路，再锁闭进路，然后开放信号，最后是解锁进路。6502电路是继电逻辑电路，包括网络电路和局部电路。网络电路的形状与站场形状相似。6502电气集中中的主要电路由15条网络线构成，其中1~7线为选路电路，8~15线为执行电路。据此，可将6502电路分为选择组电路和执行组电路两大部分。

4．计算机联锁

计算机联锁通常采用通用的工业控制计算机，由一套专用的软件来实现车站信号、进路和道岔间的联锁关系。自动采集和处理信号机、道岔、轨道电路的信息，根据存储在计算机内的有关文件，进行联锁关系的逻辑运算和判断，然后输出信息至执行机构，实现对车站信号设备的控制和监督。实现的是多变量输入和多变量输出的复杂的传递函数的转换。

5．VPI计算机联锁系统组成

一个典型的VPI计算机联锁系统由人机界面（MMI）模块、联锁机、网络接口、系统维护台（SM）与室外设备接口电路及电源等组成，如图2—2所示。

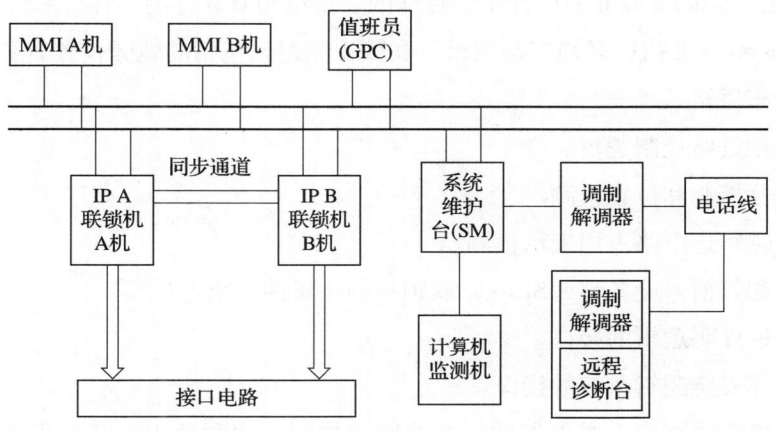

图 2—2　VPI 计算机联锁系统组成

联锁机是整个系统的心脏，它包含双套联锁机和切换电路。典型的 VPI 联锁机硬件配置如图 2—3 所示。

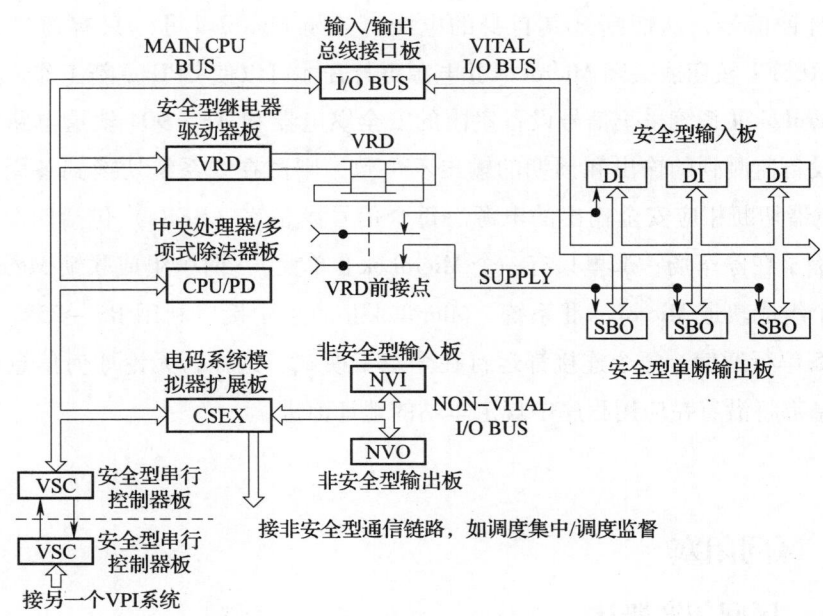

图 2—3　典型的 VPI 联锁机硬件配置

6. MicroLok Ⅱ 计算机联锁系统

轨旁联锁逻辑和速度码逻辑是在 MicroLok Ⅱ 计算机系统上执行的。MicroLok Ⅱ 是专为铁路安全运输应用的轨旁联锁逻辑而设计的一款安全控制软件，是基于微处理器的计算机系统。MicroLok Ⅱ 的设计基于特殊的安全结构及软件的多样性和诊断法。

联锁 MicroLok Ⅱ 执行联锁控制逻辑。联锁控制逻辑包括的轨旁任务有：

（1）停车逻辑。

（2）联锁进路控制逻辑。

（3）道岔控制和位置检测。

（4）联锁轨道电路占用表示检测。

（5）和相邻信号设备室（SERs）联锁控制逻辑的安全通信。

（6）到速度码逻辑的接口。

（7）到非安全逻辑系统的接口。

ATC 系统双线圈安全继电器的一个线圈连接到在线联锁 MicroLok Ⅱ 单元的一块输出 PCB，另一个线圈连接到备用联锁 MicroLok Ⅱ 单元的同一块输出 PCB。安全切断电路产生可调的 5 V 电源为微处理器供电。然而，它只有在一个由 CPU 保持输出的 250 Hz 时钟信号的条件下作用。在 CPU 中的软件检测是否发生一个严重故障。如果发生，CPU 取消时钟信号，从而断开其自身的电源，关闭 MicroLok Ⅱ。只有通过人工按下 CPU PCB RESET 按钮或关闭 MicroLok Ⅱ 电源再打开才可以使 CPU 重新工作。安全输入 PCB 是 MicroLok Ⅱ 系统采集信号设备室内的安全继电器和 AF－904 轨道电路的局部信息。如果设备监测到的输出和预期的输出不一致，则由在线系统切换到备用，并通过 VCOR 继电器切断相应安全输出的电源。每个信号设备室（SERs）包括四个 MicroLok Ⅱ 单元（除了在停车场，那里只有一个 MicroLok Ⅱ 单元）：两个组成联锁 MicroLok Ⅱ 系统；另两个组成轨道 MicroLok Ⅱ 系统。MicroLok Ⅱ 的主副接口利用 RS－232、RS－432 或 RS－485 串行通信，每个连接都运行在全双工模式。这样，无论如何信息都不会重叠——信息都将沿着在应用程序中规定车站的地址前进。

2.2 区间闭塞

2.2.1 区间闭塞概述

知识要求

为了防止两列列车在区间线路上发生迎面相撞事故和同方向线路上运行的两列列车发生追尾的撞车事故，就必须按照一定的方法组织列车在区间的运行，一般称为行车闭塞法，或称为闭塞。一般来说，组织区间行车实现闭塞主要有两种方法。

（1）时间间隔法。列车按照事先规定好的时间由车站发车，使前行列车和追踪列车之间保持一定时间的行车方法。这种行车方法因追踪列车不能确切得到前行列车的运行状况，所以不能确保列车在区间内的运行安全。目前，已不使用这种方法。

（2）空间间隔法。把线路划分为若干段落（区间或分区），在每个线段内同时只准许一列列车运行，使前行列车和追踪列车之间必须保持一定距离的行车方法。这种行车方法能严格地把列车分隔在两个空间，可以有效地防止列车追尾和正面冲突事故的发生，确保列车运行安全。一般所说的"闭塞"就是指空间间隔法。

1. 自动闭塞

保证在闭塞分区内只能有一列列车运行，并在列车运行中不断地进行自动控制安全间隔，用于实现以上功能的设备称为自动闭塞设备。在轨道电路和机车信号的条件下，提供自动闭塞和列车超速防护的功能。

2. 闭塞分区的布点

根据线路与车辆的性能，以及安全制动距离的条件，进行闭塞分区的布点，区间的信号机为通过信号机，在绿灯的情况下运行，如图2—4所示。

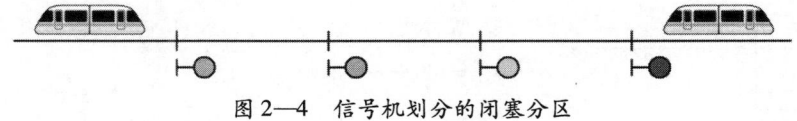

图2—4　信号机划分的闭塞分区

2.2.2　城轨正线闭塞形式

知识要求

城市轨道交通 ATC 以闭塞制式来分，分为固定闭塞式 ATC 系统、准移动闭塞式 ATC 系统和移动闭塞式 ATC 系统，它们都属于自动闭塞的范畴。

1. 固定闭塞

固定闭塞将运营的线路划分若干闭塞分区，原来一个区间只允许一列列车运行，划分后就可以多部列车在区间中运行，采用轨道电路等来检测和表示，线路条件和列车参数等均需在闭塞设计过程中综合考虑，并体现在地面固定区段的划分中。

列车定位是以轨道电路区段为单位的，所以固定闭塞的速度控制模式必然是分级的，即阶梯式的。在这种制式中，需要向被控列车"安全"传送的速度码，并通过轨道电路判别闭塞分区占用情况,传输相应的信息。固定闭塞系统无法判断列车在分区内实际的精确位置,因此列车制动的起点和终点总在某一分区的边界。为充分保证安全,必须在两列车间增加一个防护区段,这使得列车间的安全间隔较大,影响了线路的使用效率。

(1) 方向电路,如图2—5所示。

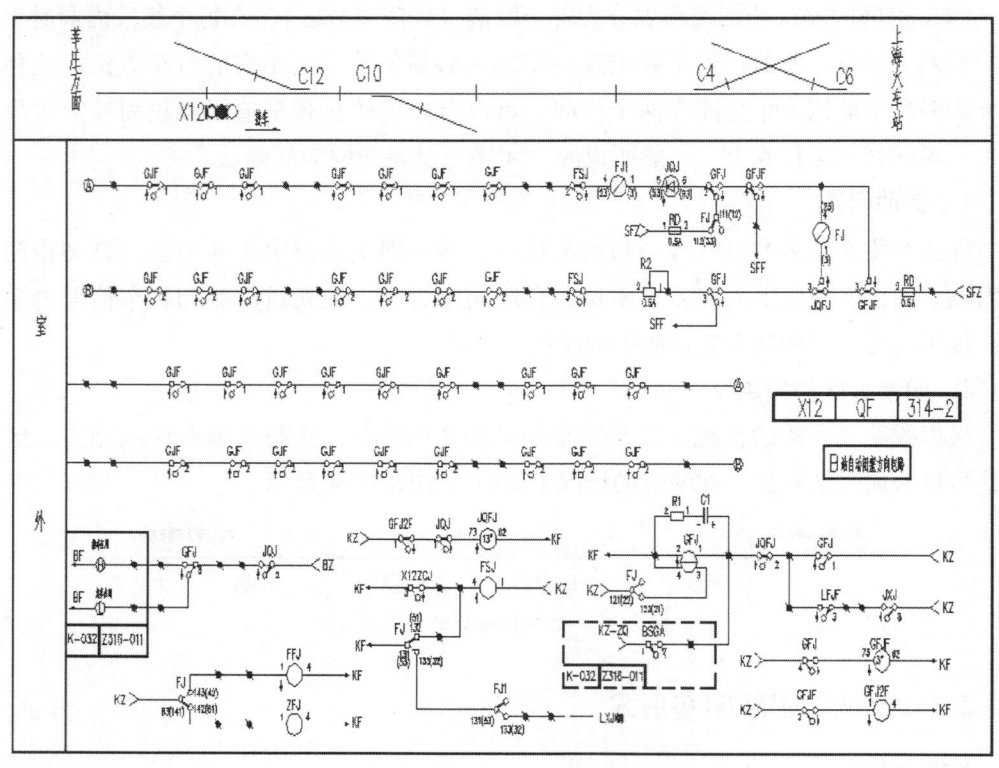

图2—5 方向电路电路图

(2) 各继电器中文名称

1) FJ:方向继电器。

2) JQJ:监督区间继电器。

3) GFJ:改变方向继电器。

4) GFJF:改变方向复示继电器。

5) JQFJ:监督区间复示继电器。

6) FSJ:发车锁闭继电器。

7) ZFJ:正方向继电器。

8）FFJ：反方向继电器。

9）LXJ：列车信号继电器。

10）ZCJ：照查继电器。

(3) 改变方向的条件

1）电路应能监督区间的空闲、占用及相邻车站接发车状态，确认整个区间空闲及对方未建立发车进路后方能改变运行方向。

2）改变运行方向应由处于接车站状态的车站办理，随发车进路的办理而自动改变运行方向。

3）电路应防止当区间轨道电路瞬时分路不良时错误改变运行方向。

4）电路应符合故障—安全的原则，保证不出现敌对发车的可能。

5）使用该电路的车站，在控制台上有相应的接发车表示灯显示。

(4) 方向电路工作原理。设原接车站为 B 站，原发车站为 A 站。在满足改变方向的条件下，可改变方向，动作过程如下。

B 站：值班员办理一条 X16→X12 的发车进路（从原接车站改为发车站状态）的反方向运行，则继电器动作如下：

1）$KZ \to X_{12}JXJ_{81-82} \to LFJF_{31-32} \to JQFJ_{21-22} \to GFJ_{1-2} \uparrow \to KF$。

2）$KZ \to GFJ_{11-12} \to JQFJ_{21-22} \to GFJ_{1-2} \uparrow$（自闭）$\to KF$。

3）$KZ \to GFJ_{41-42} \to GFJF_{73-62}$（缓吸 3 s）$\uparrow \to KF$。

4）改变方向主励磁电路：

$SFZ \to RD$（0.5A）$\to GFJF_{33-31}$（缓吸 3 s）$\uparrow \to JQFJ_{32-31} \to GFJ_{32-31} \to R_2 \to FSJ_{32-31} \to$（N12 - 362G）$GJF_{21-22} \to F309-2 \to$（A 站）$F309-2 \to$（N12 - 380G）$GJF_{22-21} \to FSJ_{31-32} \to R_2 \to GFJ_{31-32} \to JQFJ_{31-33} \to FJ_{1-4} \uparrow \to GFJF_{42-41} \to GFJ_{22-21} \to JQJ_{6-5} \uparrow \to FJ1_{1-4} \uparrow \to FSJ_{22-21} \to$（N12 - 380G）$GJF_{11-12} \to F309-1 \to$（B 站）$F309-1 \to$（N12 - 362G）$GJF_{12-11} \to FSJ_{21-22} \to FJ1_{4-1} \uparrow \to JQJ_{5-6} \uparrow \to GFJ_{21-22} \to GFJF_{41-43}$（缓吸 3 s）$\uparrow \to SFF$。

B 站排列进路 GFJ 吸起 3 s 后 GFJF 吸起：

$KZ \to GFJF_{21-22} \to GFJ_2F_{1-4} \uparrow \to KF$

$GFJ_2F \uparrow \to JQJF \downarrow$

A 站：

1）$KZ \to FJ_{141-142} \to FFJ_{1-4} \uparrow \to KF$，从而使 $FFJ \uparrow \to ZFJ \downarrow$。

2）$FJ \uparrow \to GFJ \downarrow \to GFJF \downarrow \to GFJ_2F \downarrow$。

3) $KZ \to GFJ_2F_{11-13} \to JQJ_{11-12} \to JQFJ_{73-62}$（缓吸 13 s）$\uparrow \to KF$。

4) 改变方向 A 站励磁电路：

$SFZ \to RD$（0.5A）$\to FJ_{112-111} \to GFJ_{23-21} \to JQJ_{6-5} \uparrow \to FJ1_{1-4} \uparrow \to FSJ_{22-21} \to$（N12 - 380G）$GJF_{11-12} \to F309-1 \to$（B 站）$F309-1 \to$（N12 - 362G）$GJF_{12-11} \to FSJ_{21-22} \to FJ1_{4-1} \downarrow \to JQJ_{5-6} \uparrow \to GFJ_{21-22} \to GFJF_{41-42}$（已过 3 s）$\to FJ_{4-1} \downarrow \to JQFJ_{33-31} \to GFJ_{32-31} \to R_2 \to FSJ_{32-31} \to$（N12 - 362）$GJF_{21-22} \to F309-2 \to$（A 站）$F309-2 \to$（N12 - 380G）$GJF_{22-21} \to FSJ_{31-32} \to R_2 \to GFJ_{31-33} \to SFF$。

B 站：

1) $KZ \to FJ_{141-143} \downarrow \to FFJ_{1-4} \uparrow \to KF$。

2) $FFJ \uparrow \to ZFJ \downarrow$。

3) 进路在排列过程中：$SJ \downarrow$，$GJJ \uparrow \to ZCJ \downarrow$。

4) $FJ \downarrow$，$ZCJ \downarrow \to FSJ \downarrow$。

5) $FSJ \downarrow \to JQJ \downarrow \to$（A 站）$JQJ \downarrow$。

6) $BZ \to JQJ_{21-23} \to GFJ_{81-82} \to L$（发车占用绿灯）$\to BF$。

7) $LXJ \to 313-402-11 \to 02-11 \to FJ1_{133-131} \to FJ_{133-131} \to KF$。

A 站：

$BZ \to JQJ_{21-23} \to GFJ_{81-83} \to H$（接车占用红灯）$\to BF$。

方向电路用在 ATP 发机车信号 GO 电路及发码选择电路上。

2. 准移动闭塞

准移动闭塞对前、后列车的定位方式是不同的。前行列车的定位方式仍以固定闭塞的方式进行，而后续列车的定位则采用移动的方式。为了提高后续列车的定位精度，在地面每隔一段距离设置一个定位标志，列车通过时提供绝对位置信息。在相邻定位标志之间，列车的相对位置由安装在列车上的轮轴转数累计连续测得。

准移动闭塞在列车运行的安全间隔控制上比固定闭塞有所提高。它采用报文式轨道电路辅之环线或应答器来判断分区占用并传输信息，信息量大；可以告知后续列车继续前行的距离，后续列车可根据这一距离合理地采取减速或制动，列车制动的起点可延伸至保证其安全制动的地点，从而可改善列车速度控制，缩小列车安全间隔，提高线路利用率。

3. 移动闭塞

移动闭塞方式可借助无线通信、地面交叉感应环线、波导管等传输媒介，向列控车载设备传递信息，移动闭塞系统是一种区间不分割、根据连续检测前行列车的位置和速度进行列车运行间隔控制的列车安全系统。移动闭塞的特点是前、后两列车都采用移动式的定位方式,不存在固定的闭塞分区,列车之间的安全追踪间距随着列车的运行而不断移动且变化,如图2—6所示。

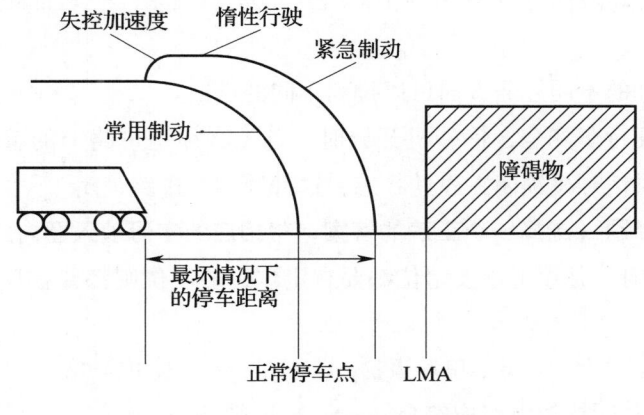

图2—6 移动闭塞原理图

理论知识复习题

一、判断题(将判断结果填入括号中。正确的填"√",错误的填"×")

1. 道岔的反位是列车进入另一条轨道线路时道岔的位置。 ( )
2. 信号开放后,进路上的道岔必要时可以转换。 ( )
3. 6502电气集中电路动作的层次是首先选择进路,其次锁闭进路,再次解锁进路,最后开放信号。 ( )
4. 6502电气集中采用单按钮操纵选择进路方式。 ( )
5. 进站信号机红灯灭灯时,不能开放允许信号。 ( )
6. 进路锁闭后,信号机若不能够开放,列车不得运行。 ( )
7. 进路建立阶段是指从防护信号开放到列车进站这一阶段。 ( )
8. 进路解锁阶段是指从列车或车列驶入进路到越过进路中全部道岔区段这一阶段。 ( )
9. 中途折返解锁的关键在于提出充要条件以证明车列确实已经折返而离开了牵出进路中的待解锁区段。 ( )
10. 进路在接近锁闭的状态下,若由于某种原因而需解锁时,在操作人员的人工

解锁规范操作之后，先使信号机关闭后，进路在空闲状态下即可解锁。（   ）

11. 无论是一次解锁方式还是分段解锁方式，都必须检查轨道电路出清才允许解锁。（   ）

12. 进路与进路之间存在着两种不同性质的联锁关系：一是抵触进路，二是敌对进路。（   ）

13. 按照道岔的不同开通方向可以排列不同的进路。（   ）

14. 为了保证行车安全，信号机开放时，首先必须把进路上的有关道岔锁闭在规定位置，且把敌对信号机锁闭在建立状态，这种锁闭叫进路锁闭。（   ）

二、单项选择题（选择一个正确的答案，将相应的字母填入题内的括号中）

1. 排列进路时，几组道岔要定位都要在定位，要反位则都要在反位，这些道岔称为（   ）。

　　A. 联合道岔　　B. 单动道岔　　C. 防护道岔　　D. 联动道岔

2. 站台紧急关闭按钮电路应符合（   ）原则。

　　A. 快速　　B. 故障—安全　　C. 易操作　　D. 简单

3. 50 Hz 相敏轨道电路即 50 Hz （   ）轨道电路。

　　A. 一元一位式　　　　　　B. 一元二位式
　　C. 二元二位式　　　　　　D. 以上都不是

4. 下列各进路不是按用途划分的是（   ）。

　　A. 接车进路　　B. 发车进路　　C. 防护进路　　D. 调车进路

5. 通常说的建立了进路，即指利用该进路排列了进路，一般称为进路在（   ）。

　　A. 解锁状态　　B. 锁闭状态　　C. 空闲状态　　D. 占有状态

6. 当列车或车列已驶入接近区段而且信号机曾开放过，不管当前是否已经关闭，则称为（   ）。

　　A. 接近锁闭　　B. 预先锁闭　　C. 进路开放　　D. 进路建立

7. 信号工作人员检修作业及处理故障时严禁甩开（   ）条件，借用电源动作设备。

　　A. 必要　　B. 联锁　　C. 已知　　D. 需要

8. （   ）不是进路解锁的内容。

　　A. 解除已建立的进路　　　　B. 解除道岔锁闭
　　C. 解除敌对进路锁闭　　　　D. 解除信号机控制

9. 目前对接车进路和正线发车进路规定的延迟时间为（   ）。

A. 3 s　　　　　B. 3 min　　　　　C. 30 s　　　　　D. 1 min

10. 在进行转线调车作业时，整个作业过程按运行方向可分为（　　）两个过程。

　　A. 进入和出清　　　　　　　　B. 牵出和折返
　　C. 进入和折返　　　　　　　　D. 进入和牵出

11. 下列哪种解锁方式中（　　）不需要完全依靠轨道电路的预期、有序的动作情况来判断列车或车列所处的位置。

　　A. 正常解锁　　B. 延时解锁　　C. 中途折返解锁　　D. 故障解锁

12. 列车或车列越过了进路中的全部道岔区段后，各个道岔和敌对进路同时一次解锁，称为（　　）。

　　A. 一次解锁　　B. 延时解锁　　C. 分段解锁　　D. 故障解锁

13. （　　）时，进路上轨道区段的解锁顺序是从始端至终端方向逐段解锁。

　　A. 取消进路　　B. 正常解锁　　C. 人工解锁　　D. 故障解锁

14. 进路与进路之间的联锁关系，可用（　　）之间的联锁关系来描述。

　　A. 道岔与信号机　　　　　　　B. 道岔与道岔
　　C. 信号机与信号机　　　　　　D. 以上都不是

15. 上行方面进站信号机的符号为（　　）。

　　A. S　　　　　　B. X　　　　　　C. E　　　　　　D. F

16. 下列哪项不是信号机开放需满足的技术条件。（　　）

　　A. 把敌对信号机（包括迎面敌对信号）锁在关闭位置
　　B. 未办理取消进路和人工解锁进路
　　C. 进站、进路、出站及调车信号机都应有防止自动重复开放的功能
　　D. 信号机由禁止显示改为允许显示

理论知识复习题答案

一、判断题

1. ×　2. ×　3. ×　4. ×　5. √　6. ×　7. ×　8. √　9. √
10. ×　11. ×　12. √　13. √　14. ×

二、单项选择题

1. D　2. B　3. C　4. C　5. B　6. A　7. B　8. D　9. D
10. B　11. D　12. A　13. B　14. C　15. A　16. D

第 3 章

列车自动控制(ATC)系统

学习目标
- ☑ 了解 ATC 各制式的工作原理。
- ☑ 了解 ATC 各制式的功能。
- ☑ 掌握 ATC 系统的工作原理。
- ☑ 掌握 ATC 系统的基本功能。

3.1 ATC 系统的原理

3.1.1 GRS ATC 系统工作原理

知识要求

GRS 车载 ATC 系统包括三个子系统。这些子系统是列车自动防护（ATP）、列车自动驾驶（ATO）、列车自动监控（ATS）。

ATP 子系统是由车载 ATP 子系统及轨旁 ATP 子系统构成，实现安全的运行及为保持安全的电动列车间隔和电动列车按结构限速运行而强制限速。以相互联锁方式，轨旁 ATP 子系统保证只在进路可以应用并且道岔锁在正确位置的，才能允许通过联锁区。与轨旁 ATC 子系统连在一起运行，车载 ATP 子系统用于防护列车由于设备故障或者列车司机对区段速度限制或者应用制动的适当比例的失误引起的非安全情况。车载 ATP 子系统正确地响应地面生成的 ATP 命令，保护电动列车，使电动列车避免由设备故障或电动列车驾驶员失误所引起的不安全状态。车载 ATP 子系统提供的功能是机车信号的接收并译码，超速防护，制动保证，自动车门控制和无意识移动的保护。

ATO 子系统是由轨旁 ATO 子系统和车载 ATO 子系统构成。该系统执行由电动列车驾驶员所执行的典型功能。使电动列车平稳加速到已收到的速度命令规定的速度运行，调整并保持在该速度上运行。通过安装在站内的无源和有源线圈使电动列车平稳停靠在车站的正确位置。电动列车速度控制的限制是由两个因素中的一个决定：ATP 速度命令（由 ATS 运行等级命令修改）或 ATO 车站停车曲线的速度。电动列车响应这两个速度中的最低速度。

ATS 子系统是由轨旁 ATS 子系统、车载 ATS 子系统、控制中心 ATS 子系统构成，该系统执行的功能是自动进路排列，调整运行时刻表，通过 TWC 系统作为控制中心与电动列车之间的通信链路，建立通信联系。

模拟音频轨道电路是一种音频无绝缘轨道电路，作为列车检测设备，当轨道上无车占用时，轨道继电器吸起；当轨道上有车占用或轨道电路设备发生故障时，轨道继电器落下。利用轨道继电器的接点向自动限速设备和联锁设备提供轨道状态的安全信息。该轨道电路除了检测列车占用外，还能向列车发送速度命令和门控命令。

（1）基本工作原理。在区段一端的发送器将列车检测信号发送到钢轨，在另一端由接收器接收信号。轨道电路未被占用时轨道继电器吸起，如图 3—1 所示。

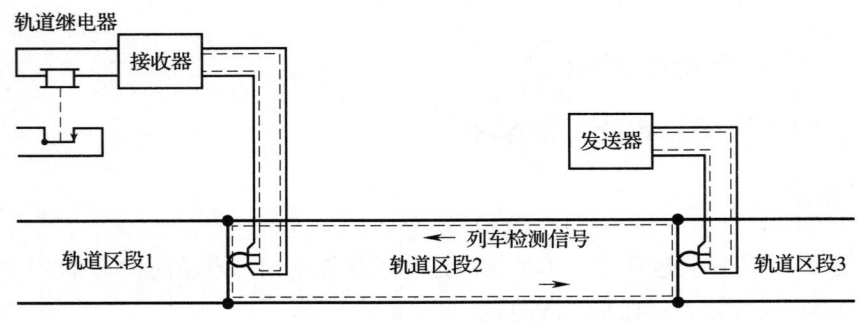

图 3—1　轨道电路未被占用

如果列车轮对将列车检测信号分路，则轨道继电器落下，轨道电路被占用，如图 3—2 所示。模拟音频轨道电路由发送器、钢轨和接收器构成。

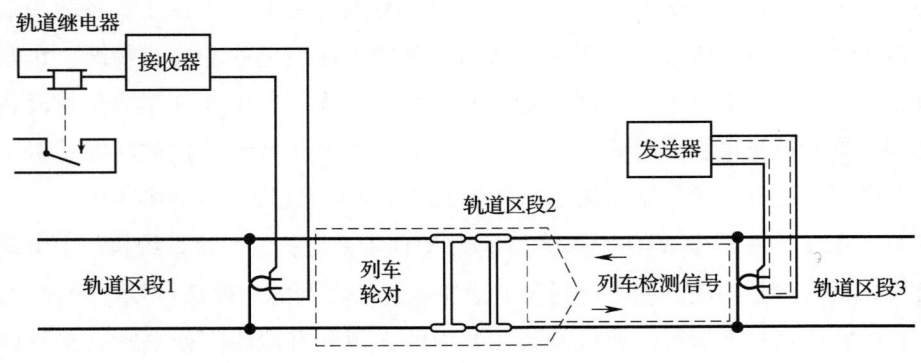

图 3—2　轨道电路被占用

（2）频率设置。为了连续检测列车，轨道电路必须是连续设置的，因此一段轨道电路的发送器也是前方轨道电路的接收器。相邻轨道电路使用不同的频率，以防接收器接收到其他轨道电路发送的列车检测信号引起错误动作。GRS 模拟轨道电路共有 4 个信号频率分配作为列车检测信号用。阻抗连接器中的功能独立的绕组被调谐到不同的发送或接收频率。除了阻抗连接器被调谐的频率外，其他轨道信号衰耗低到阈值电平以下。每一个频率被分配给一段轨道电路后，直到离该轨道电路足够远，使干扰影响最小到轨道继电器不会有错误动作的情况下，再分配给另一轨道电路。

模拟音频轨道电路采用低频脉冲调幅方式，使用 4 种载频（2 625 Hz、2 925 Hz、3 375 Hz、4 275 Hz）和 2 种调制频率码（2 Hz 和 3 Hz），可组成 8 种不同组合，相邻轨道电路采用不同载频不同码率的组合，两条线路均用 4 个频率，但对每一个频率用不同的码率调谐，因而，如果对 F1 是以 3 Hz 编码，对另一条线路则以 2 Hz 编码，在横向连接线的轨道电路也是如此，如图 3—3 所示，以防止相互串扰，提高安全性。

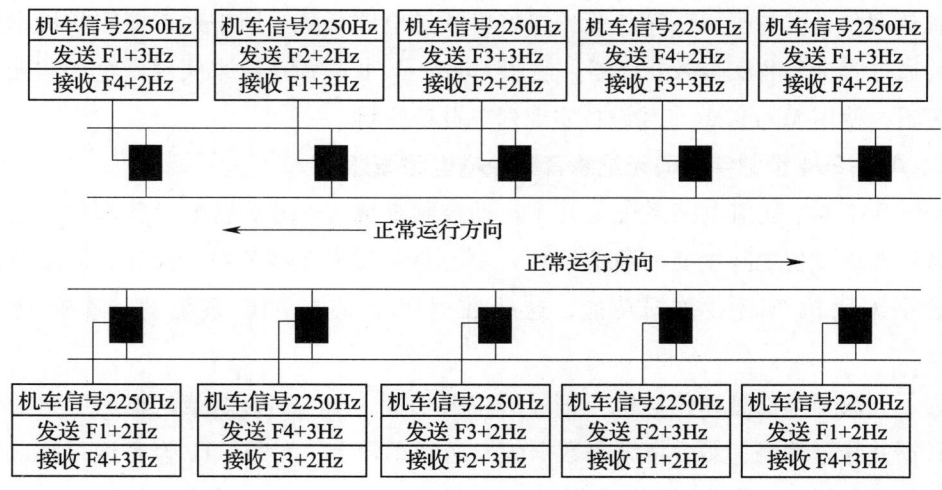

图 3—3　模拟轨道电路频率设置

（3）主要参数

1）两根钢轨不接地，用作牵引电流回路。

2）最大长度为 400 m。

3）最低道床电阻率为 2 Ω/km。

4）钢轨阻抗为 0.65 Ω/km（50 Hz）。

5）分路灵敏度为 0.15 Ω。

(4) 室内设备组成。每段轨道电路包括 4 块 PCB，其中 3 块在送电端，即功放板、振荡板、码率板，用于产生列车检测信号和机车信号的调制码率。一块为接收板在受电端，还有一个 BNPN 型继电器。设备被安装在 ATP 机架上。

轨旁设备有阻抗连接器（WEE-Z BOND），采用无电气隔开的自然衰耗传输设计，可发送、接收列车检测信号、发送机车信号并能实现 TWC 通信。

3.1.2　USS ATC 系统工作原理

知识要求

ATC 综合了车载、轨旁、控制中心及列车上执行运输管理和控制功能的硬件、软件和人为因素。该系统为线路上运行的列车提供安全有效的控制以保护列车车站占用、列车的相撞，防止对列车及相关设备设施的损坏等。ATC 系统允许相邻列车以最小的运行间隔运行，以最短的时间进站出站，允许旅客及时上下车，并及时进行操作来优化系统效率。系统基于 AF-904 无绝缘音频轨道电路系统，用于列车检测和机车信号传送。通过安全和非安全微处理器，使用 MicroLok Ⅱ 联锁系统来实现安全和非安全的轨旁逻辑，使用 MicroCab 车载设备实现列车自动控制。

1. AF-904 型数字编码无绝缘音频轨道电路概述

AF-904 数字轨道电路系统是列车自动控制系统（ATC）轨旁设备部分，它是轨旁设备和车载设备之间主要的通信接口。AF-904 系统提供了列车检测和向车载设备传送数字编码机车信号数据功能，这些数据用于完成 ATC 系统的列车自动防护（ATP）。

为了完成列车检测和传送机车信号等主要功能，AF-904 系统从轨道逻辑处理器获得数据并经过编码，然后将编码数据帧发送到钢轨上，车载 ATP 设备通过感应器接收和解码该数据帧，完成列车控制功能。该数据帧中包含以下信息：线路限速、目标速度、区段长度、坡度、运行方向、门控信号、下一区段载频、编组/解编组信息等。安全轨道区段逻辑控制由"轨道 MicroLok Ⅱ"系统完成，车站内联锁逻辑及转辙机和信号机的控制由"联锁 MicroLok Ⅱ"系统完成。非安全逻辑控制由"非安全逻辑仿真器（NVLE）"单元完成。进路的控制通过轨道电路序号（通过轨旁通信系统传至车上）完成，该操作在本地控制表示盘或中央控制室完成。

（1）基本工作原理与应用。系统设计是一个通信接口，这个通信接口用于解决由 MicroLok Ⅱ 处理的联锁逻辑与用于控制列车速度和运行的车载设备之间的数据交换。

AF-904 设备通过串行通信从 MicroLok Ⅱ 接收数据，加入一些本地数据后，通过钢轨向车载设备发送这一综合数据帧。与 MicroLok Ⅱ 的接口是一个双向的串行数据链路，在 MicroLok Ⅱ 的使用手册中进行了详细描述。与列车之间的通信接口是一个单向的链路，只有列车接收的功能。

AF-904 系统在轨道电路区段的一端向钢轨中发送信息，其中包括轨道电路 ID 号、目标速度、线路速度、走行距离、停稳、方向、下一载频、编组/解编组及双向道岔的状态等。它同时也监视轨道电路的另一端以检测列车的占用。安全的轨旁逻辑通常由 US&S 的 MicroLok Ⅱ 系统来完成，用于列车检测和传送机车信号。道岔区段采用 PF 轨道电路完成列车检测，采用机车信号环线完成对车载 ATC 系统的数据通信。AF-904 系统中信号通过 S Bonds 导接线耦合进入钢轨。

当 AF-904 的接收器接收到的信号低于预先设定的门限水平或轨道 ID 号错误数据帧时，它会表示为本区段已经被存在的列车分路占用。轨道电路采用 BFSK 调制方式向列车不间断地发送经过数字编码的数据帧。作为从一个轨道电路驶入另一个轨道电路的列车而言，其车载 ATC 系统会适时将车载的滤波器转换到正确的频率范围上，从而实现列车只接收正确载频的数据帧。一旦接收到下一轨道电路区段载频的通知，相应的滤波器被以电路选择方式选择实现以准备好对即将进入区段的采用预定 8 种载频之一进行调制的安全数据帧的接收和译码。车载 ATP 子系统通过使用译码得到的 FSK 方式调制的安全数据来完成 ATP 的功能。

AF-904 系统通过使用无绝缘轨道电路构成简单而又高可靠的轨道—列车接口。载频信号和调制后的数据信号通过位于轨道电路一端的 350/500MCM 导接线耦合进入钢轨。载频和轨道 ID 数据信号的幅度用于检测轨道占用。调制的 FSK 数据信号用于向车载设备传送安全和非安全的数据。

（2）轨道电路 ID 和机车信号的发送。随着列车在正线范围内（站—站）从一个轨道电路区段到另一个轨道电路区段运行，相邻轨道电路之间轨道占用和命令的隔离通过 8 种可用载频的交替使用来完成。频率范围从 9.5 kHz 到 16.5 kHz，间隔 1 kHz，并被编号为 F0~F7。其中三个载频（F1、F3 和 F5）被安排在西向和北向的轨道电路上使用，另三个载频（F2、F4 和 F6）被安排在东向和南向的轨道电路上使用，保留的频率（F0 和 F7）在特殊的地方使用。

明确地说，正线轨道电路的布置遵循了如图 3—4 所示的两套分别由三种载频循环使用的规则。如果无法将使用同一载频的两段轨道电路以两段分隔区段区分开，那么通过加入一段分隔轨道电路和一些绝缘节是可行的方法。

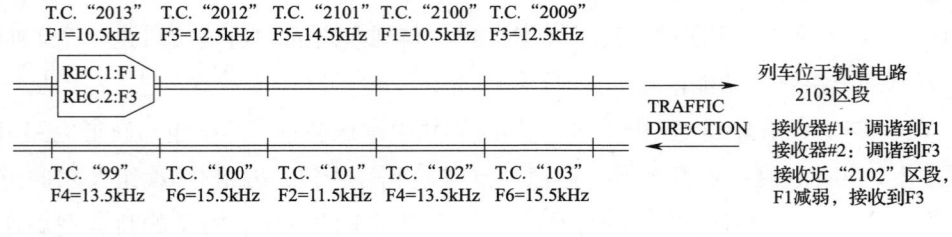

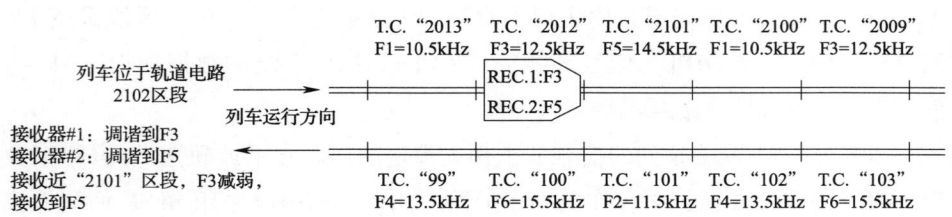

图 3—4　轨道电路中机车信号频率应用

因为列车必须被通知下一区段的载频是多少和它是否占用,所以轨道 MicroLok Ⅱ 系统将不能向后继的列车发送已占用轨道电路的频率。相反,将重复后继列车当前正在占用的轨道电路区段的频率。这将引发一个常用制动操作。列车在操作员通过车载主控制面板(MCP)进行下一载频命令搜索操作或通过无线发布信息接收到同样的命令之前,将保持停止。

如图 3—4 所示轨道电路中机车信号频率应用中显示的那样,载频 F1 调制的数据中包含了下一区段机车信号频率 F3 的信息。在列车上,一个接收器被调谐到 F1,另一个被调谐到 F3,当列车接近 350/500MCM 导接线时,信号 F1 水平降低,一旦有效的数据和电平在 F3 端口被检测到,列车将不再对从先前 F1 接收器的"旧"数据进行处理。然后新的数据将被解码,列车的逻辑控制将重新调整接收滤波器(先前调谐在 F1)至轨道电路频率切换序列中的下一机车信号频率上。

轨道电路的设计是使列车始终迎着发送器的方向运行。它的控制是通过信息帧中两位预先分配的方向控制位实现的。每一个轨道电路都不间断地向车载设备发送以 FSK 方式调制的数字编码格式的信息。MicroLok Ⅱ 决定了 37 位数据位中的大多数信息,并把该数据帧通过安全串行链路传送给每一个 AF-904 轨道电路,在那里该信息帧被重新编码。前 8 位数据用于车载设备译码功能的同步。后面 36 位数据包括了有用数据。最后 16 位是 CRC 循环冗余校验码用于差错检测。

（3）AF-904型数字编码无绝缘音频轨道电路的功能。AF-904 轨道电路采用了 Motorola 68HC16 微控制器单元（MCU），这个 MCU 接收轨道 MicroLok Ⅱ系统传送的异步安全数据，加入本地轨道电路数据，并将此数据转换为同步协议规程要求的数据格式。转换后的数据通过发送器、耦合器及导接线传送给车载设备。MCU 同时通过一个预先分配的接收器耦合单元监视已发送的信号，并检测轨道电路的占用状态，最终将轨道电路当前状态及系统工作状况、本地速度限制通过 RS-485 串行链路或 VPO 线，报告给联锁 MicroLok Ⅱ系统。AF-904 反馈给 MicroLok Ⅱ一个安全输入。

1）数据路由。一个机笼中四块控制器印刷电路板的每一块都有自己的 EEPROM，使用这个逻辑的本地数据是每一个轨道电路区段的唯一 12 位 ID 编码，以及这个区段的速度限制信息，这个信息是通过控制器电路板前面板的开关输入的。此外还包括本单元的配置信息，例如 MicroLok Ⅱ从机地址、载频、轨道电路门限电压，以及任何其他 AF-904 系统运行所需的非易失性信息，这些数据都被安全地存储在 EEPROM 中。如果 MicroLok Ⅱ给出的速度命令大于当前的本地速度限制，那么较低的速度会被发送，作为对 MicroLok Ⅱ的应答。一旦正确的信息被建立，MCU 将这些信息转换为同步协议规程所要求的数据格式，即 NRZI（非归零）格式，正如配置的那样，AF-904 使用 200 波特速率的 BFSK 方式，向车载设备传送该信息，并以此检测轨道电路的当前状态。

2）BFSK 信号传输。BFSK 调制方式是采用两个分离的频率调制一个中心载频来实现信息传送的。在一个给定的时间仅存在两个频率中的一个，并且是唯一的。两个边频中较高的称为 MARK，较低的称为 SPACE。这两个频率的间隔是 400 Hz。当采用 NRZI 方式编码后，结果成为一个信号，如果该信号在每一个比特的时间内切换着频率，则表示逻辑"0"；如果在持续的时间里连续发送一个频率，表示逻辑"1"。这就意味着，如果每 5 ms 内，信号在 MARK 和 SPACE 之间交替，表示一个"0"字符串，如果发送 6 个逻辑"1"，则信号在 6 bit 时间（30 ms）里保持在 MARK 或 SPACE 上不变（发送哪一个信号取决于在第一个"1"之前的最后一个比特时间里的频率）。

3）设备室到轨道。从继电器/设备室开始，环线长度多达好几千米的传输电缆将方向继电器和轨旁的耦合单元连接起来。传输电缆采用了固有阻抗大约为 100 Ω 的双绞线。耦合单元安装在一个密闭的盒子里，它由两部分独立的隔离耦合电路构成。每一个电路都有自己的变压器和电容组。变压器将从来自设备室导线上的高电压降压以适合驱动单圈的轨道环线。电容通过跳线选择以满足轨道环线调谐的

需要。

调谐的过程提高了轨道环线针对选定载频的环线阻抗。这显著提高了由于长距离传输电缆传输所需小电流而降低的发送器效率。同样，当一个轨道环线已经被一个接收器选定，从轨道环线来的低电压将被升压以满足将该电压回送设备室的需要。轨道环线的调谐使接收的轨面信号的能量有一些小的增加。由于发送器和接收器的阻抗不同，耦合单元是可以调整的，从而在发送器和接收器之间均衡分配。调谐是一项非常必要的工作，而且不会在无绝缘轨道电路区段之间产生任何选频特性。

AF-904不采用常规的全电阻导接线，而是采用350/500MCM电缆将相邻的轨道区段以"S"形状连接起来，"S"形电缆的两端分别和一段轨道连接起来。单圈轨道环线分别依附在"S"形电缆的上/下部分。发送轨道环线内的电流通过感应进入"S"形电缆并进入轨道。同样，接收端来自轨道的电流进入"S"形电缆，并感应进入接收轨道环线。这种类型的导接线具有很强的方向性，"S"形电缆的长度与宽度的比值决定了方向。轨道环线是参与发送还是接收取决于设备室内机笼后部的方向继电器。

4）列车检测。每一个AF-904系统都必须实时安全地检测轨道电路的状态。在轨道电路一端传送，并在另一端接收的音频FM载波信号，不仅用来传送数字机车信号数据，而且用于列车检测。接收器通过监测载波电平和一部分数字信息来判定轨道是否空闲。

当一列车分路了正在被监视的轨道电路，轨面传送的信号被阻断。这个状态通过AF-904的接收电路检测到信号电平低于事先设定的信号门限而被识别，并将该区段作为占用区段报告给相应的联锁MicroLok Ⅱ系统。轨道占用状态信息的通信可以下列任何一种方式发送到安全MicroLok Ⅱ：RS-485安全串行连接或安全并行输出。当该列车同时又进入相邻轨道电路，则两段电路均被视为占用。当列车出清轨道电路区段时，接收的信号门限被恢复，AF-904系统会做出相应的反应。

5）发送数据监测。为了确保在任何时刻发送的数据都是正确的（即使轨道占用阻断了接收器收集发送的信息的情况），采用频率监视电路检查每一比特信息都具有正确的频率。采用了复杂的数字编码信息格式确保了信息的唯一性，而不再是采用简单的信号周期速率编码，它有可能通过一个振荡电路错误产生。采用这种复杂的编码，"解码"等进一步的检查不再需要，因为"非智能"的功放电路不可能以任何一种方式振荡来产生某一特定的有效编码。比特频率检查是基于MCU内部时钟合成器在1.843 2 MHz时钟芯片内部检查来完成的。

6）接收器系统监测。AF-904 单元持续向轨道发送信息来检查列车占用和钢轨的完整性。这些发送信息也用于校验和监视数据帧的完整性和信号电平。

为了确保接收器系统正确运行，在进入输入带通滤波器（BPF）之前，测试信号与轨道信号进行了叠加。这个测试信号的频率和幅度是已知的，当在一个预定的测试通道监视时，该信号必定限定在一个固定的范围内。所有三个接收器，通过在每一个信息帧结束时对其 NCO 重新编程得到检查。

为了确保电压测量是准确的，测试电压被叠加在安全输出端的信号上。通过改变已知测试信号的电压，一个预定的偏置电压将会出现在被测量的电压上。如果没有，表明增益检查发现故障，MCU 会关闭 CPS。

通过使用一个非安全、常开方式的切断继电器，对备份单元的安全输出进行检测。这个继电器的线圈电源由 CPS 提供，以保证 CPS 切断电源供给后，输出不会因此而短路。当系统处于在线状态时，这个非安全继电器是闭合的。一个独立的非安全电路被使用以保证当在线单元安全输出工作时，电压会出现在 MicroLok Ⅱ 的线路上。通过使用一个二极管使继电器和到 MicroLok Ⅱ 的配线隔离，这样当该继电器因故障而无法断开时，它可以防止备机单元驱动这条线路。如果继电器和二极管都故障，系统仍将保持在一个安全的状态下运行，因为这条线路上的小信号表明轨道占用。

7）容错。CPS 是一级安全电路，它只有在从 MCU 提供的 500 Hz 方波存在的时候才可以产生电源输出。MCU 能够在它自身和 AF-904 单元内部运行许多复杂的诊断程序。这些测试包括 CPU 存储器的测试、安全输出闭环检查的逻辑处理、发送器和接收器电路等，如果这些诊断任何一个出现故障，MCU 都将停止 500 Hz 信号的输出，CPS 将因此中断电源供给。CPS 是安全输出电路及调制振荡器时钟源的唯一电源。当 CPS 输出终止时，AF-904 单元将不能发送信息和显示轨道处于出清状态，无论该故障是什么。CPS 也提供一个非安全输出给切断继电器的线圈，除非该继电器切断的是安全输出。安全输出继电器通过安全电源获得其线圈能量，以至于当 CPS 停止工作时，短路的线圈不会使电路获得能量。如果 CPS 停止工作时，所有的线圈会失去电源供给，则该 AF-904 单元将进入离线（备机）状态。CPS 在切断继电器上实现联锁，这使得有故障的主机单元不可能阻止备机单元恢复正常的工作状态。但是，即使切断继电器处于粘连的闭合状态，电路的设计保证也不会出现任何安全问题，因为 CPS 将从安全等级二的电路切除其电源供给。

2. 车载ATC系统的结构原理

车载ATC设备也包括ATS、ATP和ATO子系统的设备，其中车载ATS子系统，通过车—地双向通信链路，接收控制中心发来的调整列车运行等级、目的地号、跳停等指令，并向地面发送列车运行状态信息，经联锁集中站向控制中心转发。车载ATP子系统根据地面发来的ATP命令，进行超速防护，制动保证，以及车门控制等与安全相关的控制。当ATP切除时，由司机负责列车的运行安全。车载ATO子系统，完成列车在站间的运行控制，包括出发加速控制、惰行控制、减速控制及在车站的程序定位停车控制。所以ATO子系统主要是对车载而言，地面主要是程序定位停车设备和对位模块等相关硬件。车载ATC设备的归类也不尽相同，由于不少线路都不设ATO子系统，所以一般将相互联系紧密的ATP和ATO归在一起讨论。

（1）车载ATC系统结构。USS车载ATC系统称为MicroCabⅡ系统，如图3—5所示。设备执行三项功能：列车自动防护（ATP）、列车自动运行（ATO）和车地通信（TWC）。这套基于微处理器的车载系统包括一个MicroCabⅡ机架（安装ATP和ATO子系统）、一个状态显示单元、一个状态显示单元辅助板、一个ADU电源、一个车—地双向通信天线、两个ATP接收线圈、两个独立的速度传感器、两个无线电台和两个终端服务器。该系统也提供与车辆列车线、逻辑和串行接口的内部连接条件。一个完整的ATC系统安装在列车两头的拖车上。每个ATC系统包含一个主要的和一个备份的ATP子系统，一个ATO子系统和一个TWC子系统。TWC是ATO的一个子系统。仅在相应的拖车处于激活状态（工作状态）下，车载ATC系统才可以控制列车运行。系统有一个端到端的列车联锁逻辑制约关系，其目的是防止不止一个带驾驶室的拖车处于电源接通状态，导致列车误动（无论车载ATC系统是否被激活）。

ATC系统执行关键功能和非关键功能。ATP子系统执行关键的或与安全相关的系统功能。ATO子系统执行非关键的功能。所有安全功能的正确执行是保证车载ATC系统安全控制列车运行的要求。一旦丧失这种安全保证，受影响的相关ATC系统将会被禁止控制列车，直到车载ATC系统被人工恢复。

（2）车载ATC设备。ATC系统设备架，置于A型车司机室左侧，机架与车体连接，防震底座和机架在电气上隔离，机架上设有ATP、ATO、ATS模块；直流调压器；安全/非安全继电器（包括开门继电器、紧急、常用制动继电器、驱动继电器等）及制动保证单元。

显示单元及速度表等，设于司机操纵台上，如图3—6所示，显示单元上有各种控

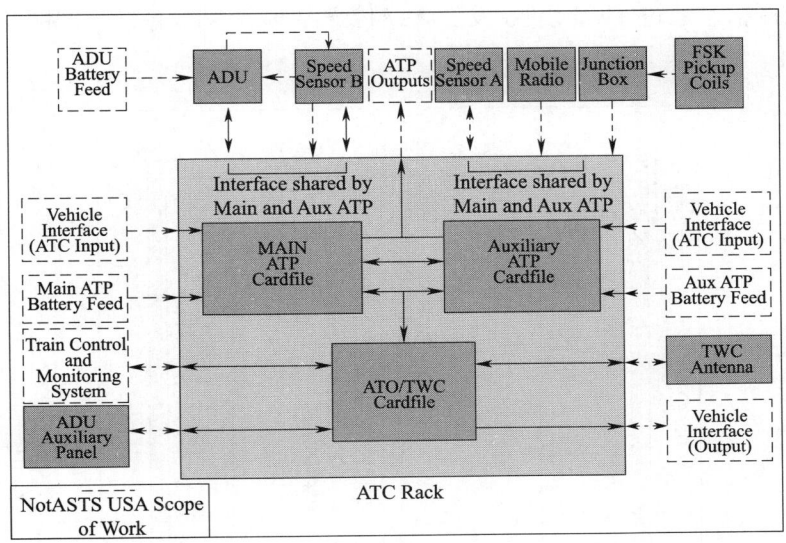

图 3—5 车载系统框图

制表示灯,包括列车车次号、列车目的地号、列车运行等级、列车长度;还有车次号和目的地号的设定开关;以及启动、停车、程序停车、跳停、慢行、超速等指示灯和其他相关的按钮。

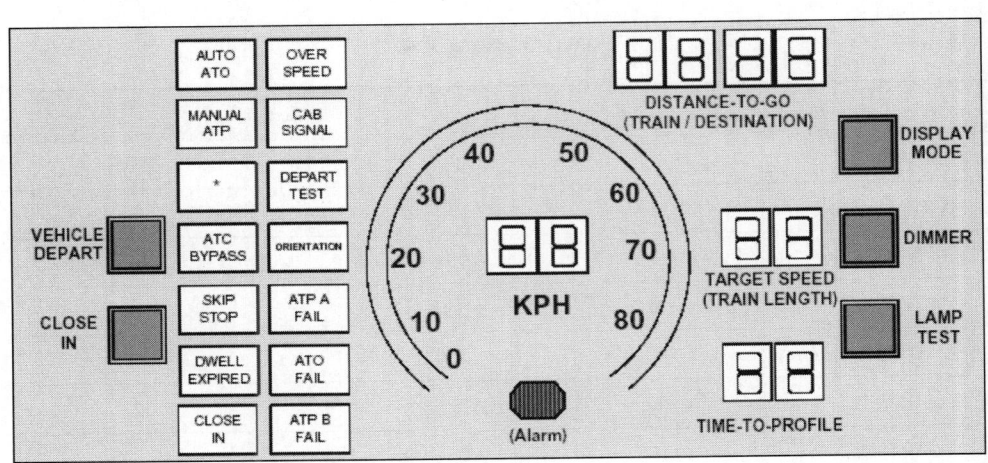

图 3—6 USS 车载显示单元

USS 车载 TWC 接收/发送天线,如图 3—7 所示,安装在 A 型车底部,第一轮轴前方,其中心对准轨道线路的中心线,通过天线将列车运行状态信息送至地面,经联锁集中站 TWC 模块，将信息转送至控制中心，同时控制中心也将一些车次号、目的地号等控制信息通过 TWC 接收/发送天线传送给车载 ATC 系统。TWC 发送信息内容见表 3—1。

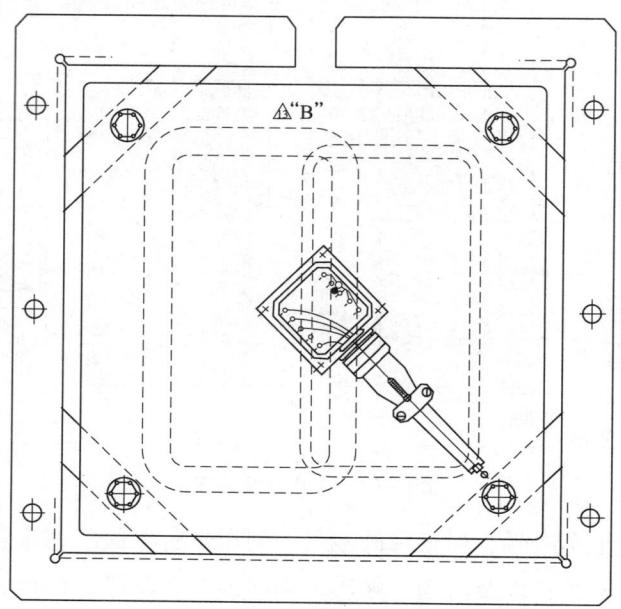

图 3—7　USS 车载 TWC 天线

表 3—1　　　　　　　　　　TWC 发送信息内容

列车至地面		地面至列车	
内容	字节	内容	字节
永久车辆编号	0—1	永久车辆编号	0—1
车次号	2—3	车次号	2—3
ATP 警报	4—6	目的地号	4—5
ATO 警报	7	主时钟	6—11
ATP 状态	8—13	ATP 指令	12
ATP 诊断	14	ATO 指令	13—15
目的地号	15—16	保留（空位）	16
ATO 状态	17—20		
ATP 状态	21		

第3章 列车自动控制（ATC）系统

技能要求

测量轨道电路数据

操作准备

轨道电路数据测量工具见表 3—2。

表 3—2　　　　　　　　　轨道电路数据测量工具

序号	名称	规格	单位	数量
1	轨道电路系统	AF-904	套	1
2	万用表	Fluke187	块	1
3	参数白皮书		本	1

操作流程

（1）测试轨道电路的数据。

（2）轨道电路的校准。

操作步骤

步骤1　在辅助板上的 +12 V 和 +5 V 采用直流电压测量，其余均为交流，如图 3—8 和图 3—9 所示。

图 3—8　步骤 1（1）

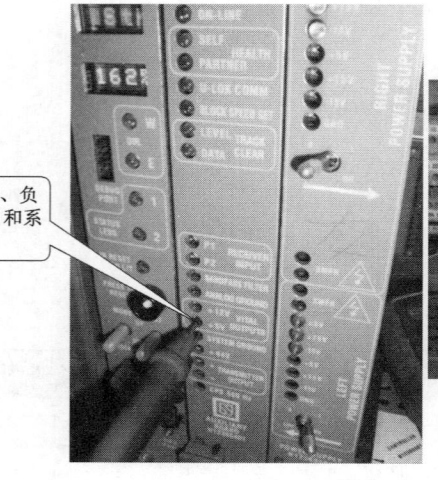

图 3—9　步骤 1（2）

步骤 2　P1 和 P2 为交流输入，如图 3—10 所示。+ 和 – 为交流输出，如图 3—11 所示。Bandpass 和系统接地，如图 3—12 所示。+44 V 和系统接地，如图 3—13 所示。CPS 500 Hz 和系统接地，如图 3—14 所示。均采用交流电压挡测量。

图 3—10　步骤 2（1）

图 3—11　步骤 2（2）

第3章 列车自动控制（ATC）系统

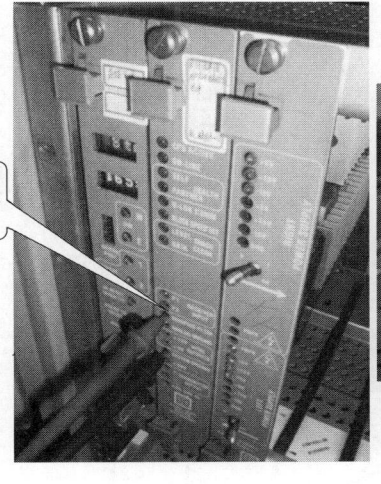

万用表正、负极接 Bandpass 和系统接地

万用表读数 AC 0.582V

图3—12 步骤2（3）

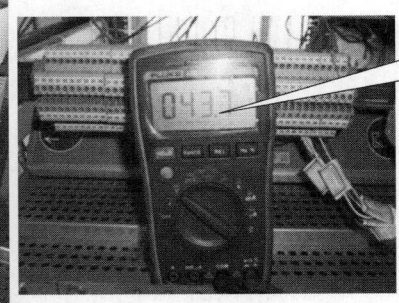

万用表正、负极接+44V和系统接地

万用表读数 AC 43.7V

图3—13 步骤2（4）

步骤3 进入调整菜单，密码为4个"-"，如图3—15所示。

【vari】最大误差，调整要求在 0 ~ 7% 内。

【levl】输入接收电平，调整要求在 18% ~ 77% 内。

【str】信号强度。

【pwr】输出脉冲宽度在 25% ~ 95% 内。

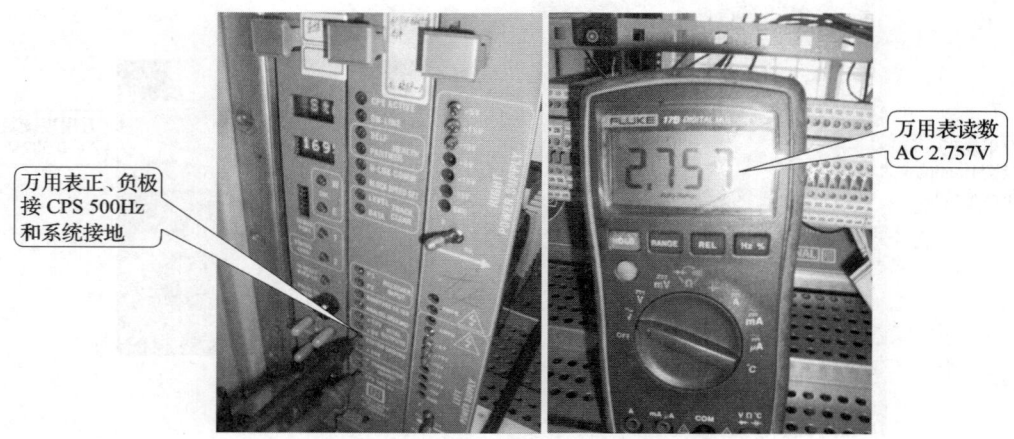

图 3—14 步骤 2（5）

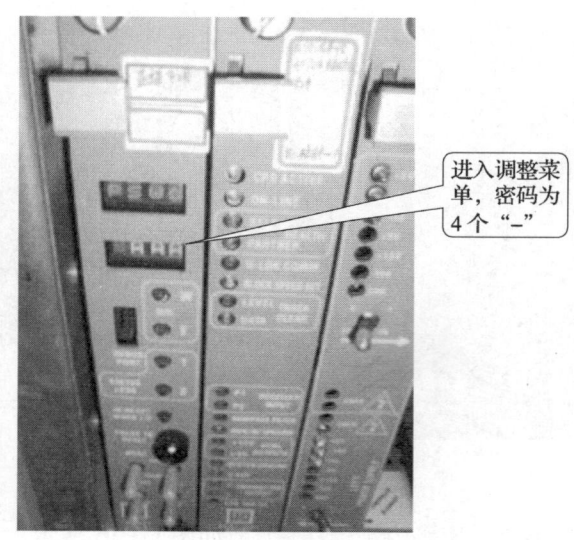

图 3—15 步骤 3

步骤 4 进入 Set Up 中的 CALI 菜单，如图 3—16 所示。

步骤 5 依次对两个方向的 Pwr、Levl、Vari、Shnt 的数据进行校准，如图 3—17 和图 3—18 所示。

第3章 列车自动控制（ATC）系统

图 3—16　步骤 4

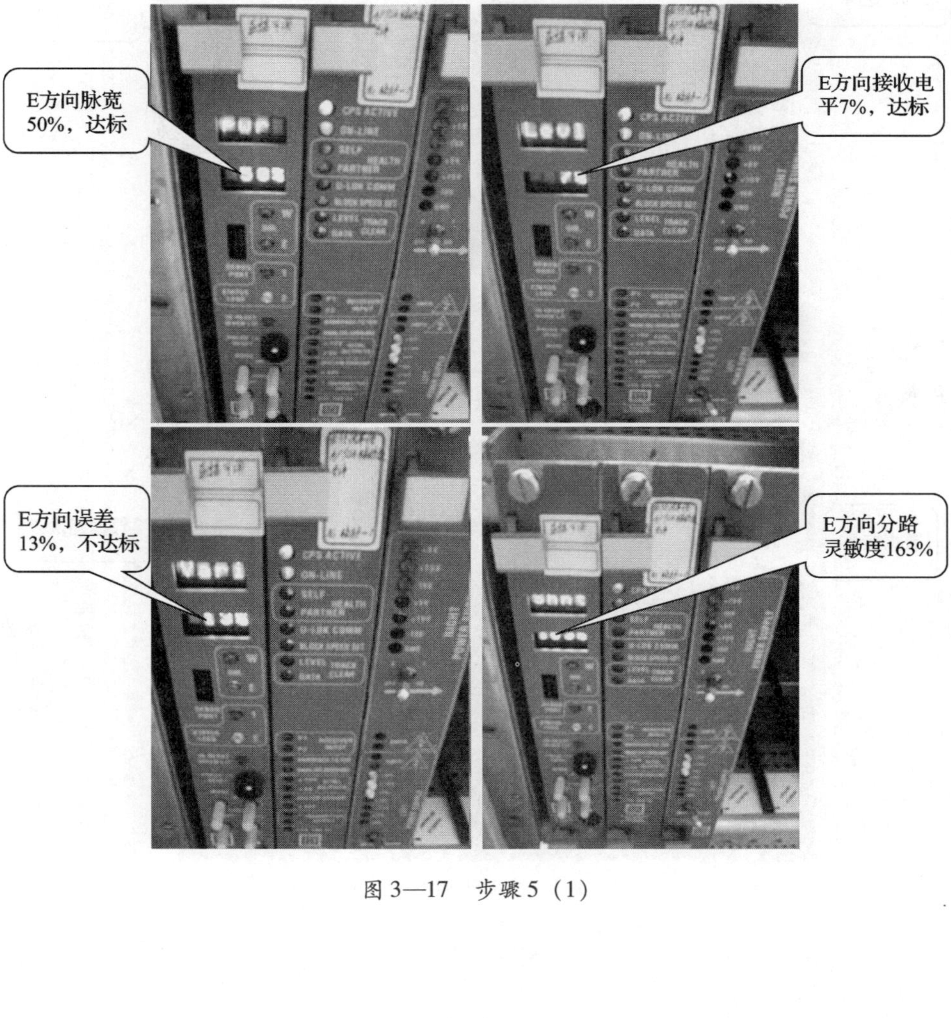

图 3—17　步骤 5（1）

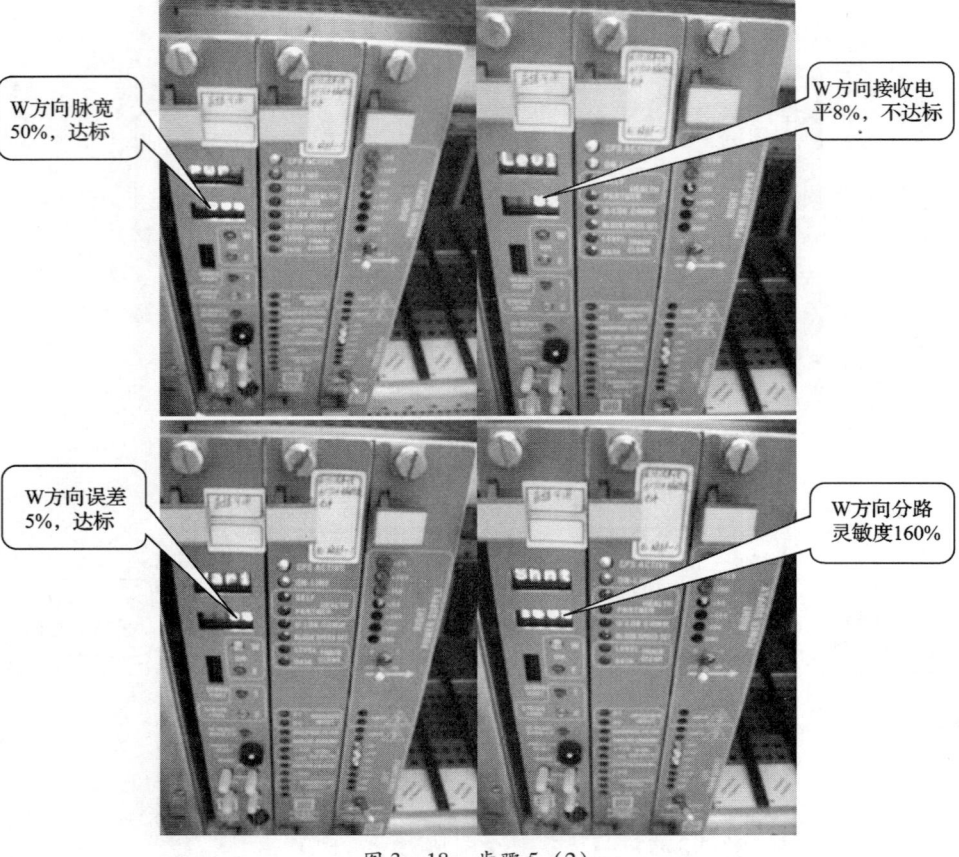

图 3—18 步骤 5（2）

步骤 6 依次确认两个方向的数据，如图 3—19 ~ 图 3—23 所示。

图 3—19 步骤 6（1）

图 3—20　步骤 6（2）

图 3—21　步骤 6（3）

图 3—22　步骤 6（4）

图 3—23　步骤 6（5）

步骤 7　输入新密码仍为 4 个"-"，如图 3—24 所示。

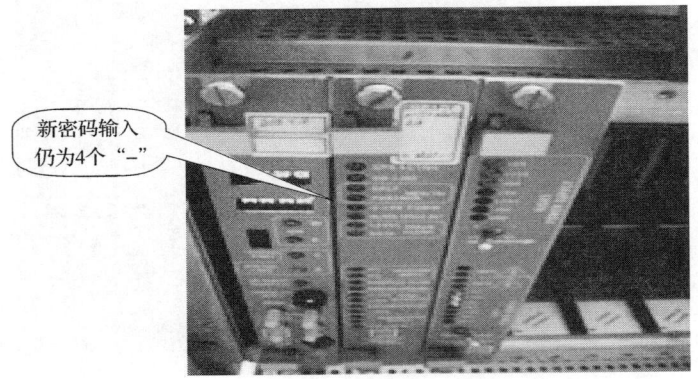

图 3—24　步骤 7

步骤 8　全部完成后，系统提示 Done 时，按 Reset 键重启，如图 3—25 所示。

图 3—25　步骤 8

步骤9　进入 DISP 菜单中的 RX 菜单，观察 Str 的数据，如图 3—26 所示。

图 3—26　步骤 9

注意事项

若发现工器具损坏、图样凌乱请立即上报且收拾整理；若设备上有明显灰尘请用抹布擦拭干净，若机房卫生有明显灰尘或垃圾请清扫干净。

3.1.3　Alstom ATC 系统工作原理

知识要求

1. 基于目标距离的列车运行原理

"目标距离"原理就是车载 ATC 系统在了解下一目标点的行车状态后，对列车的移动精确度及移动速度做出判断并驱动列车按此判断行驶。

实现这个功能，轨道的静态描述是必需的，描述中标有所有重要的点的位置。该描述可以称为"进路地图"，进路地图中包含的数据称为"常量"。车载 ATC 系统收到轨道信息后，推断出命令，例如"停在该点"或者"在该点将速度减到这个等级"，并且计算出速度位移曲线，该曲线必须符合这些命令。

列车在任何时间都可以知道它的位置。里程计的功能是计算列车的位移。进路地图中的绝对位置由信标的位置定义。当列车通过这些信标上方时，它能够在进路地图中将自己的位置重新定义在信标的绝对位移处。当然，相应的信标拥有一个独立的标识符，它能够被列车读出。常量从轨旁发送给列车。发送给列车的数据还包括停车点的状态（停或不停），每点设置的状态（正向或反向）。从这些数据中列车可以推断出它必须遵守的命令，并且能够沿着进路地图运行。这些动态的数据称为"变量"。

当车载系统接收到不安全因素（诸如道岔位置不正确、前方轨道区段有车占用、变量接收不到或不正确）时，列车根据轨道电路变量发现防护点位置，并根据防护点的距离生成紧急制动曲线，触发紧急制动在安全余量以内停车，如图 3—27 所示。

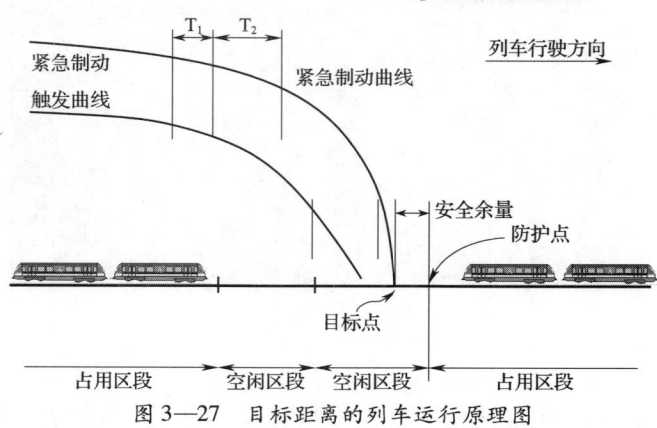

图3—27 目标距离的列车运行原理图

固定闭塞区信号系统装有连续的地对车的通信,它允许轨旁ATP计算机向列车连续发送轨道占用信息。因此,智能ATP车载计算机不断地计算出下一个防护点:在这种情况下是下一段被占用的轨道电路的始端,如图3—28所示。图中的信号灯是为方便所用,非信号机,表示列车不可越过的临界点。

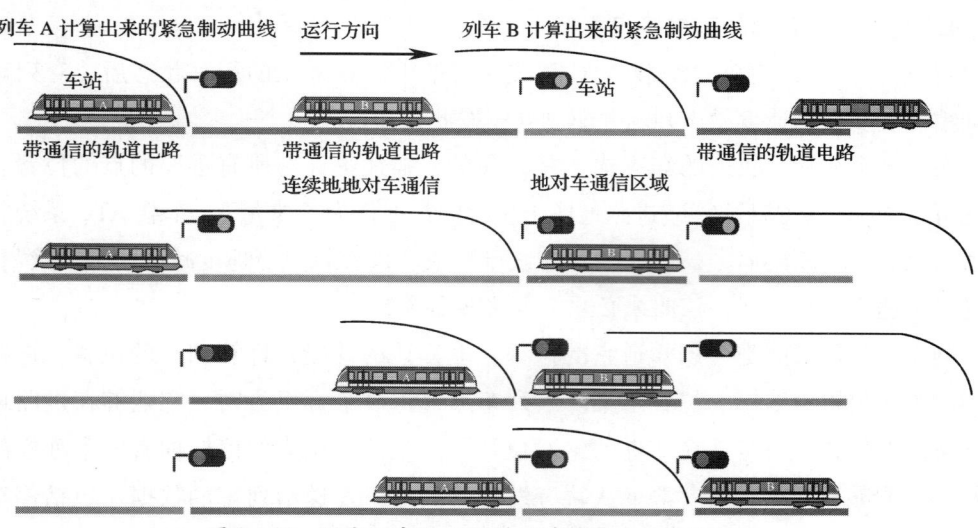

图3—28 固定闭塞区ATP系统连续的地对车的通信

2. 数字报文轨道电路DTC921工作原理

(1) DTC921型轨道电路的概述。DTC921数字无绝缘节轨道电路,相邻轨道区段间采用不同频率划分,其工作频率范围为9.5~20.7 kHz。具有调制效率高、传输信息量大等特点。

（2）DTC921 轨道电路构成和功能。DTC921 轨道电路是由室内处理单元、室外调谐单元、S-BOND、连接电缆及钢轨构成，如图 3—29 所示。

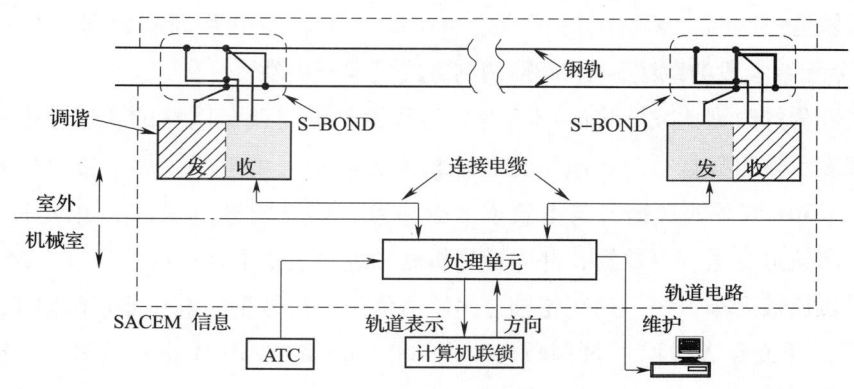

图 3—29　轨道电路框图

处理单元设于车站信号机械室内，用于发送、接收及处理信号；两个调谐单元谐振于本段轨道电路工作频率；S-BOND 和调谐单元共同把发送信号耦合到钢轨上。处理单元具有与 ATC、计算机联锁设备的接口，ATC 设备提供轨道电路发送给列车的 SACEM 报文信息（机车信号），另外还提供维护用的接口。

DTC921 轨道电路两大功能：

1）列车检测。

2）发送 SACEM 报文通道。

（3）处理单元工作原理。处理单元主要功能框图如图 3—30 所示。

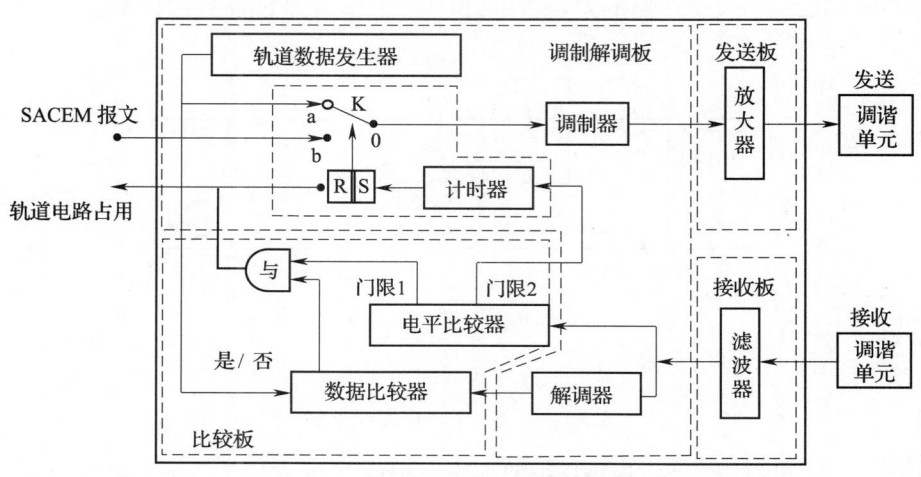

图 3—30　处理单元主要功能框图

处理单元由发送/接收板、比较板及调制解调板组成。电路中的门限 2 高于门限 1，以保证开关 K 置"a"值大于置"b"值（类同轨道继电器返还系数）。

本段轨道空闲时，调制解调板产生 400 bit/s 的轨道电路调制数据（简称轨道数据），以分配给本段的载频，用 MSK 调制方式发送至钢轨。

接收部分的数据比较器将解调后得到的轨道数据与调制电路的轨道数据比较，如果一致就表示轨道数据空闲；电平比较器检测接收信号的电平，如果接收信号电平高于门限 1，而解调后的数据又与本轨道数据一致，则与门输出"1"，开关 K 置"a"，保持继续向轨道发送轨道数据，并向计算机联锁发送轨道电路空闲信号（+24 V）。

如果轨道被列车占用，列车轮轴分路轨道信号，信号接收电平低于门限 1，则与门输出"0"，开关 K 置"b"，调制数据改发 500 bit/s 的 SACEM 报文信息，经钢轨发送给列车，用于列车自动控制。

当列车出清本轨道电路时，电平比较器得到高于门限 1 的电平，但是开关 K 置"b"，所收数据与轨道数据比较不一致，不能立即发送空闲信号。当电平高于门限 2 的电平时，触发计时器，计时结束后进行接点转换，开关 K 置"a"。解调器收到轨道数据，当数据比较一致并满足电平要求后，向计算机联锁设备发送空闲信号。所以，列车出清轨道后要经过一定的延时才可以发送空闲信号。

（4）S-BOND 及调谐单元工作原理。S-BOND 与调谐单元、钢轨及连接电缆并联谐振于所处轨道的载频，用于选频及滤波。调谐单元中含有可调电感，用以调整谐振频率使其在载频中心频率。一个调谐单元由两个对称部分组成，分别用于前一个轨道电路的接收和后一个轨道电路的发送，S-BOND 工作原理如图 3—31 所示。

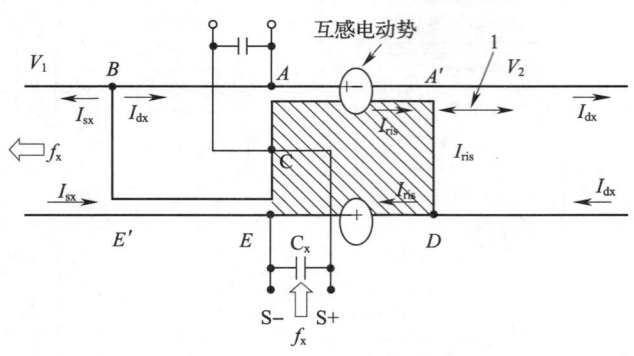

图 3—31 S-BOND 工作原理

由图 3—31 可以看出 S-BOND 由两个半环构成，假设右半环用于向左方向发送信号，那么下一个 S-BOND 的左半环则用于接收，这两个半环与它们所连接的调谐单元谐振于本轨道的载频。

S – BOND 的另一个作用是均衡两根钢轨之间的牵引回流。此外，"S"形的设计可以使发送具有方向性。发送信号由 S + 、S – 开始（这里只考虑正半周），S + 端电流经过 C 到 B，再分成两路 I_{sx}、I_{dx}，其中 I_{sx} 去向本轨道电路的接收方。经 C 到 D 方向的电流在流经 AA' 和 DE 时分别产生互感与自感电流，与 I_{dx} 抵消，致使发送电流只向左发送。在发送方，S – BOND 两端外侧 1 m 处的轨面电压比值 V_1/V_2 应大于 2.5，在接收方的比值 V_2/V_1 应大于 2.2。"S"形的设计可以消除轨道电路的"死区段"，即当列车轮轴分路在 A 点附近时，保证相邻两个轨道电路都处于占用状态。而不能出现都空闲的"死区段"现象。

（5）轨道电路频率划分及方向性。由于此轨道电路没有绝缘节，为了避免干扰，频率的配置按照一定的规律安排，如图 3—32 所示。SDTC 轨道电路提供 8 个频率不同的载频，分别是 F7、F8、F9、F10、F11、F12、F13 和 F14。

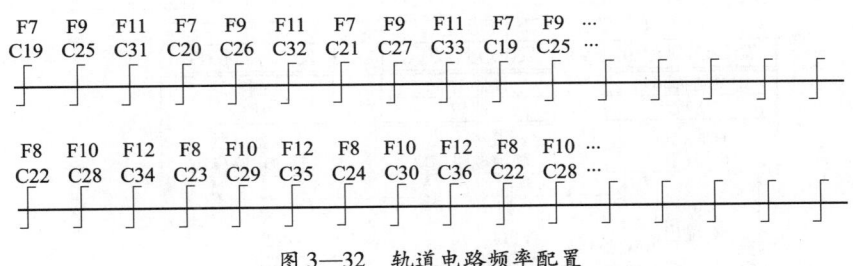

图 3—32　轨道电路频率配置

为了不产生同频干扰，上、下行区段间隔设置轨道电路频段，F7、F9 和 F11 用于下行线，F8、F10 和 F12 用于上行线。F13 和 F14 用于特殊地区。各个频率以不同载频调制 400 bit/s 轨道检测数据。每个频率分配 3 种轨道数据，如 F7 分配的是 C19、C20、C21。

按照这种组合经过 8 个轨道电路才会出现频率相同、轨道数据也相同的情况，例如 F9/C25。由于信号的自然衰耗，在最不利条件下，这两段轨道电路互不影响。

当轨道电路空闲时，各个载频调制轨道数据。一旦被占用，轨道电路调制 500 bit/s 的 SACEM 报文。

无论轨道数据还是 SACEM 报文都采用迎头发送（即迎着列车车头的方向发送）。VPI 向轨道电路发送 DOT 命令（倒换方向命令），用于列车反向行驶。通过处理单元中的继电器可以倒换发送方向。

（6）道岔区段信息的发送和接收。由于岔区的存在，SACEM 信号在侧股采用环线发送的方式，环线的发送频率不同于直股，信号通过 LIU（环线调谐单元）发送给环线。与直股不同的是环线发送是不间断发送,直股是轨道电路占用时才开始发送 SA-CEM 信号。SACEM 设备并联发送给各个道岔分支和直股,所以在整个道岔区段使用相同的 SACEM 报文。

岔区采用统一的轨道载频和轨道数据来实现列车占用检测和断轨检测。如果列车运行方向自右向左,那么最左面的 S-BOND 为发送 S-BOND,其他三个都起接收作用,即一送三收轨道电路,如图 3—33 所示。如果列车从左向右运行,VPI 发送 DOT 命令(倒换方向命令),则最右的 S-BOND 起发送作用。

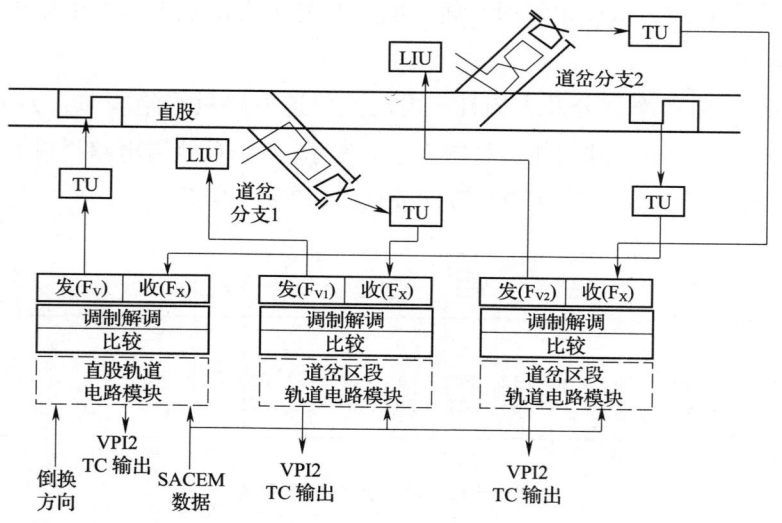

图 3—33 道岔区段轨道电路示意图

(7) SACEM 报文。上文已经提到过当轨道电路空闲时,各个载频调制轨道数据。一旦被占用,轨道电路调制 500 bit/s 的 SACEM 报文。SACEM 报文包含丰富的信息,是车载 ATP 设备用于计算列车运行状态的基础。

报文按类型分为安全相关不变量报文、安全相关变量报文、临时限速报文、非安全相关变量报文。

安全相关不变量报文是长报文,它包含进路地图中的一些不变量的信息数据,例如道岔、信号机、信标位置、永久限速点等。长报文长度比较长,长度≤512 bit,因为一帧只包含 64 bit 的有用信息,所以长报文要分成若干帧传送给车载 ATP,并且按次序循环发送。

安全相关变量报文属于短报文,只有一帧。它反映一些与安全相关的变量,例如道岔位置、信号机状态等。安全相关变量也是循环发送，一旦当安全性变量发生变化时，轨旁 ATP 设备立即通过轨道电路发送给车载 ATP 设备，例如此时正在发送长报文，当地面安全相关变量发生变化时，立即打断长报文发送，插入发送安全相关变量，等发送完成后再继续长报文的发送。

临时限速报文属于长报文，它向车载 ATP 提供线路的临时限速命令，一个传输区有 4 帧临时限速信息，并循环发送。

非安全相关变量报文属于短报文，只有一帧。它包含一些非安全的变量及同步时间信息，并循环发送。

3．编码里程计工作原理

编码里程计是 ATP/ATO 用来测量列车位移、推算速度和加速度的。

通过测量列车车轮在两个连续周期的角位移实现上述测量。为了执行这项工作，编码里程计设置在列车车轴的尾部。在内部的圆盘上有一些孔，孔的出现可以被一个由光电耦合管组成的光设备所读取。这些耦合器被称为传感器。

圆盘上一共有两组孔：时钟脉冲孔和编码孔。在每个圆盘上的一个圈上有 100 个时钟脉冲孔。在时钟脉冲孔上，有两个传感器（C1 和 C2）可以检测出旋转方向和孔的移动。另一个传感器（C3）的布置是这样的：在任何时候至少其中有一个传感器处于通的状态而且至少有一个传感器处于不通的状态。这样安排可测试传感器的正常工作。

在编码孔上，传感器 C4 记录在其通过状态时的实际时钟孔的数量。连续的这些数目构成一个假随机顺序。对每个时钟孔使用这些数字，从 1 到 100，可以对每个运动方向关联一个编码值。编码顺序被记录在 PROM 里。

在每个周期里对时钟孔数量进行计数，同时在编码孔传感器处于通状态时读取时钟孔数量。根据时钟孔的数目做索引查出的记录值与读取顺序做比较。这种比较允许检测所有不论何种原因造成的计数错误。该处理允许列车位移测量的精确度小于 3 cm。

当在三个周期里没有位移被测出时，速度即报零速。在同一时间里，一个假随机顺序数据发送至这三个传感器 C1、C2、C3，应用在传感器的光电管。传感器的输出被连续地检验，一旦接收到的顺序数据发生干扰，就声明列车移动，这时编码里程计恢复正常计数。通过这种方法，可能检测出的列车移动可以达到 1 cm。

4．ATC 系统主要设备

（1）SACEM2003（轨旁 ATC）。SACEM2003 是 ATC 系统的室内部分，基于计算机联锁 VPI 的安全联锁设定、轨道电路占用、道岔信号机状态、线路提供车载 ATC 进路地图。轨旁 SACEM2003 放置在主要设备站的信号机房中，它的作用相当于一个邮箱。

它从 AC 单元接收轨道状态（轨道电路、信号机状态、道岔位置）信息和站台 PEP 信息，接收 CATS 发给 LATS 的运行调整命令，SACEM2003 发送给列车的信息包括轨道描述、轨道状态信息、从 ATS 接收到的运行调整命令、TSR（临时限速）。它向相邻的 SACEM 设备发送已发给列车的有关信息，使列车能超过其管界无缝运行。

（2）VPI2（计算机联锁）。VPI2 通过安全传输将它所控制与监督的信号设备采集的信息提供给 SACEM，如信号机、道岔、PEP、DI。VPI 也与 LATS 子系统相连接。VPI2 子系统是建立在分散的计算机上的，它提供一套实用性和安全性都非常高的进路联锁设备，并且控制所有轨道设备的输入/输出。VPI2 计算机控制和监督轨旁信号设备。从数字轨道电路 SDTC 上接收轨道电路占用信息。它管理进路设置、转辙机控制，并采集信号机、道岔、站台 PEP 状态，通过安全传输向轨旁 SACEM 提供以上信息。SACEM 从 VPI 接收联锁的状态信息。所有 VPI2 和 SACEM 的操作和维护数据都发送给 LATS。每个 VPI2 通过高速数据网络与相邻的 VPI 连接通信，SACEM 也是如此，这些连接相互独立。每个 VPI 都有热备冗余功能，当设备故障从主机切换到备机时，下辖设备不受影响与限制，列车能继续运行，进路能继续排列。

（3）DTC921 轨道电路。它是轨道电路的室内部分，负责对线路进行列车检测及轨道车地通信的传输、调制解调（在轨旁 SACEM2003 和列车之间连续不断地通信）。以此实现安全性列车占用检查和断轨检测功能。连续的车地通信以报文形式提供给列车安全的编码信息，这些报文编码描述了轨道信息、列车占用信息、信号机及道岔的状态等安全信息。连续的车地通信还为 ATO 及运行间隔的调整传送非安全信息。数字轨道电路 DTC921 与轨旁 SACEM2003 设备通信，以实现车地通信，它与 AC 单元连接给 VPI 设备提供信息，以此实现列车占用检测及对车通信方向等功能。

（4）S–BOUND。轨道电路的室外部分，用于分割线路及车地轨道通信传输的介质。

（5）信标。信标可分为有源信标和无源信标，有源信标根据其功能与样式可分为 STIB 和 PSBD。

（6）RB（无源信标）。其位置作为列车定位的参照标准，决定了列车误差补偿值。位于线路中，长 53 cm，黄色，分布于站台与区间内。由两个相距 21 m（正负误差不超过 50 cm）的 RB 组成一个 MTIB，一般来说一个区间只有一个 MTIB，其作用为列车动态初始化定位、校准编码里程计及其轮径值。

（7）STIB（有源信标，又称静态模糊初始化信标）。主要用于车地通信中车次号、目的号、运行等级、跳停信息、ATS 扣车等信息的传输与列车模糊 RELOC（重定位），列车在 STIB 上定位后需经过下一个 S–BOUND 后才能使用高速 ATP 功能（出入库线车库端第一个 STIB 具备精确定位功能，可直接使用 ATO 出库）。STIB 基本位于普通车站正向停车位处，其他诸如折返线停车位、出入库线停车位都安装有一个 STIB。

（8）PSBD（有源信标）。与 STIB 功能相同，但比 STIB 多了屏蔽门控制功能，且为精确 RELOC，列车定位后可直接使用 ATO、高速 ATP 等功能。

（9）车载 ATC 设备。ATC 系统的车载部分，主机拥有 ATP 及 ATO 功能，备机不具备 ATO 功能，ALSTOM 车载 ATC 系统目前使用的是 U200 型设备，只有一个编码里程计，故不具备主备热冗余功能。车载 ATC 拥有两个必要功能：基于编码里程计与轨旁有源无源信标的定位功能，确认防护区域及故障导向安全的紧急制动功能。每个驾驶室都安装有一套需主备人工切换的 ATC 车载设备。车载设备通过接收线圈接收来自轨旁 SACEM2003 通过轨道电路发送的信息，接收信息包括信标位置、轨道占用情况、道岔位置、信号机状态、TSR（临时限速）、PEP 信息等。以及通过信标天线接收来自 ATS 传输给 TWC 发送至 STIB/PSBD 的车次号、目的号、跳停信息、ATS 扣车、授权开门、运营等级调整等运营调整信息。这些线路基础信息及运营调整信息由车载 ATC 系统经过计算得出列车的当前区段目标速度、目标距离、下一区段目标速度、牵引制动力、误差补偿、紧急制动及下个停车点的位置等。并拥有简单的线下事件记录功能及详细的在线状态检测功能。车载 ATC 设备与驾驶单元 DDU 相连接，可向司机与维护人员提供少量报警与 ATC 状态、选取的驾驶模式等信息。并向司机显示当前的目标速度、实际速度，该信息传输在列车指针式速度表上直观地反馈给司机。

（10）中央 ATS 设备。中央 ATS 提供线路管理所需要的所有功能。主要功能如下：线路监督（包括列车跟踪）、定义任务和相应的时刻表、自动和人工排列进路、全线运行管理、报警管理、统计。OCC 内放有中央 ATS 设备。OCC 还包括中央冗余 ATS 服务器、前端处理机、不同操作员的操作台（主调度员、调度员、维修、培训）、全线显示屏及必要的通信设备。中央 ATS 与车站 ATS 通信以获得所有的数据信息，并把选定的调度员命令发送给信号设备。

（11）车站 ATS 设备。车站 ATS 的主要功能如下：信号人工控制、自动排列进路、报警管理。车站 ATS 是建立在分散的处理器上的，它为其他信号子系统（SACEM，VPI2）与中央 ATS 接口提供了一个非常高等级的可用性。车站 ATS 与每套联锁设备相连。例如，明珠线一期正线上有 10 个车站 ATS 和 1 个停车场 ATS（非冗余）。每个 CBI 站和主设备站均设有一个冗余的车站 ATS 服务器、一个车站控制操作台和必需的通信设备。车站 ATS 服务器通过冗余的串行线与系统相连，串行线通过串行连接开关自动连接到运行的计算机上：计算机联锁（CBI）、本地轨旁 SACEM 设备。

3.2 ATC 系统的功能

3.2.1 GRS ATC 系统的功能

知识要求

1. ATP 子系统功能

ATP 子系统提供确保列车安全运行的安全功能。ATP 子系统提供的功能如下：机车信号的接收、速度检测、超速防护、制动保证、车门控制、零速检测和无意移动防护。ATP 子系统还具有退溜防护和用于提高 ATC 系统可用度的冗余特征。当列车配备了自动或手动操作时，ATP 子系统将防止列车运行在一个不安全的速度和防止车门打开时列车移动。

（1）机车信号的接收。机车信号接收子系统用于所有的 ATC 模式。轨旁的机车信号信息通过 ATP 接收线圈耦合到列车上。ATC 系统过滤、放大、确认和解码这些信号为速度限制信息。图 3—34 所示为机车信号接收框图。

图 3—34 机车信号接收框图

列车收到的速度命令是以 2 250 Hz 为载频的调幅波形式出现的。这个调制码率与 ATP 命令的载波一致。没有轨旁速度命令被认为是零速限。总共有 9 个不同的码率用于控制系统操作，7 个码率用于传输速度命令，2 个码率用于车门控制。表 3—3 列出了所有的调制频率和它们相应的功能。

表 3—3　　　　　　　　　　ATP 码率和功能

码率	功能
3.0 Hz	10 km/h
4.5 Hz	开左门
5.54 Hz	开右门
6.83 Hz	20 km/h
8.31 Hz	30 km/h
10.10 Hz	45 km/h

续表

码率	功能
12.43 Hz	55 km/h
15.30 Hz	65 km/h
18.14 Hz	77 km/h

（2）超速防护。超速防护确保列车不超出闭塞设计的安全制动距离限制。ATP CPU 板是超速防护的核心。这块板上的管理功能部分接收来自同一块板上的系统处理器的速度限制信息。实际列车速度信息是来自于双通道速度传感器，与从系统处理器接收到的限速进行比较。如果列车速度超过速度限制门限，形成超速情况，将使 ATC 系统的安全继电器 SBR 落下，使列车失去牵引。如果列车运行在自动控制模式下，速度调整子系统将启用常用制动。在手动操作下，司机必须确认使用全常用制动。图 3—35 所示为超速防护框图，表 3—4 列出了 ATP 速度命令和相应的超速点。

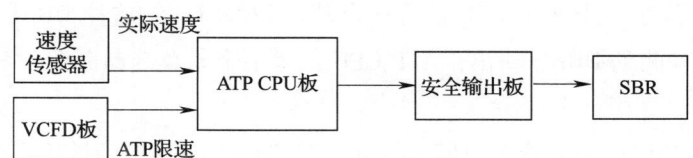

图 3—35　超速防护框图

为了确保测量的准确度，可以进行车轮磨损的补偿。允许的车轮尺寸最大为 840 mm，最小为 770 mm。为了保证安全操作，默认的设置为最大车轮尺寸。轮径磨耗设定值，以每 5 mm 增量，总计 15 个设定值进行调整。通过使用 PTU 可以设定车轮轮径值。

表 3—4　　　　　　　　　　超速点

码率	速限	超速点
0 Hz	20 km/h	20 km/h
3.0 Hz	10 km/h	11 km/h
6.83 Hz	20 km/h	23 km/h
8.31 Hz	30 km/h	33 km/h
10.10 Hz	45 km/h	48 km/h
12.43 Hz	55 km/h	58 km/h
15.30 Hz	65 km/h	68 km/h
18.14 Hz	77 km/h	80 km/h

如果车辆在超速后 3.4 s 内没有检测到所需的最小制动率，在自动或手动模式下的任何超速条件都将导致制动保证子系统产生紧急制动。

在手动模式下，当列车速度超过超速点时超速指示器红灯点亮，蜂鸣器发出告警声。在自动模式下超速时超速指示器红灯点亮，但无告警声。

（3）制动保证。制动保证的功能是验证车辆在测出超速状态 3.4 s 内，电动列车在以最小 0.715 m/s^2 的减速率降低车速。如果在规定时间内未达到最小制动率，ATP CPU 将命令紧急制动。一旦紧急制动被启动，它将一直作用到列车完全停止。

减速率是由数字制动保证单元（DBAU）感应到的。DBAU 是位于 ATP 模块上安全电源控制器（VPC）板的一块子板。DBAU 产生一个校核字到 ATP CPU。如果制动保证码率没有获得则产生一个失败的校核字，如果制动保证码率获得则产生一个正确的校核字。当 ATP CPU 认可一个超速条件时，它监控 DBAU 的响应。如果在 3.4 s 内没有检测到 DBAU 输出，ATP CPU 产生一个紧急制动命令。图 3—36 所示为制动保证框图。

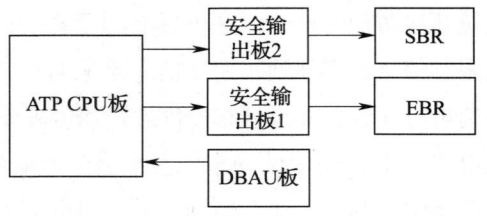

图 3—36　制动保证框图

作为一个安全检查，无论车门何时打开，都将检查 DBAU 的输出。当车门打开时，DBAU 输出显示一个 DBAU 故障，当这种情况出现时，施加紧急制动。在自动和手动模式下，制动保证子系统和超速防护子系统都将一起工作。

（4）零速检测。当列车速度低于 3 km/h 时，ATP 提供一个零速故障安全检测。零速检测是由 ATP CPU 板上的 DOC 来执行的。只要实际列车速度低于零速设置点，一个对应零速情况的唯一校验字被送回系统 CPU。零速检测信息用于车门使能控制功能，验证列车在使用惩罚性制动后停止，提供制动保证的检查和其他系统功能。

（5）ATO 模式车门控制。ATC 系统在 ATO 停站完成后能自动进行车门控制。列车开门动作时序如下：列车定位天线检测到由站台定位天线发射的 F1 信号（13 235 Hz），ATO 系统确认列车已停在车站站台正确位置。ATO 系统将发出全常用制动命令并产生一个列车停车信号给 ATP 系统。ATP 系统收到列车停车信号后，施加全常用制动，并核实列车是否在零速。此时若所有条件都满足，ATP 产生一个安全列车停车信号命令给 ATO 子系统，ATO 子系统通过列车定位天线产生一个列车停稳信号给轨旁（调制在 77 Hz 上的 21 945 Hz 载波）。站台定位天线接收器检测和解码信号，从而励磁轨旁列车停车继电器。停发速度码率，改发左开门码率 CR–1（调制在 4.5 Hz 上的 2 250 Hz 载波）或右开门码率 CR–2（调制在 5.54 Hz 上的 2 250 Hz 载波）到轨道电路上，这取决于车站结构。图 3—37 所示为车门控制框图。

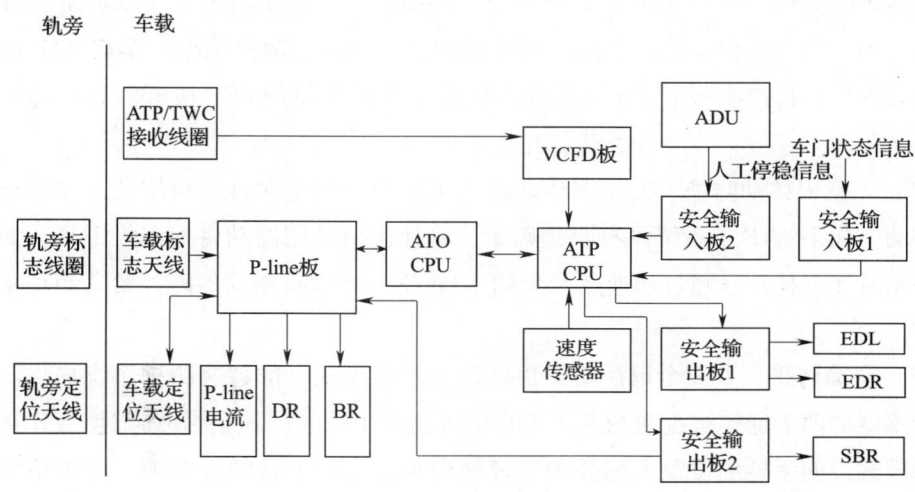

图 3—37　车门控制框图

车载 ATP 设备检测且解码来自钢轨的码率并励磁相应的 ATP 继电器，开左门或者开右门。这些安全继电器的接点与列车车门控制电路相联系（车门控制电路由车辆制造厂家提供），以在驾驶室控制台上给出适当提示和点亮车门开门指示器。驾驶员按下车门控制按钮来发出开门命令。

车门控制电路指示开左门或开右门的安全接点将被建立，并发出一信号到 ATP 系统。如果此信号与开左门或开右门继电器的信号一致，则 ATO 系统将停发对位信息改发 6 车或 8 车信息（21 945 Hz 载频，115Hz/171 Hz 调制），在站台对位天线接收到此信息译码，将站台打开屏蔽门继电器吸起，打开相应站台屏蔽门。

列车关门动作时序如下：停站时间到，轨旁 ATP 系统停发开门码率，发车表示器闪光，此时驾驶员按压相应的关门按钮，车辆门控制电路启动车门关闭程序。当车门和站台屏蔽门全部关闭并锁定，轨旁改发限速码率。车载 ATP 系统将使 SBR 吸起，车载 ATO 系统收到车门关闭信息后，ADU 上 ATO 发车表示灯以 1 Hz 频率闪光。通知驾驶员可 ATO 发车。当发车表示器点稳定光时，驾驶员按压 ATO 发车按钮，电动列车出发，ATO 表示灯由闪光变为稳定光。

（6）手动模式车门控制。驾驶员必须人工将列车定位停车在车站。当 ADU 上停稳表示灯点亮时，列车已正确地在车站站台对位停车，此时驾驶员必须将主控制器手柄放在常用全制动位，再按压 ADU 上停稳按钮，向轨旁发送列车停稳信息，此后的操作与自动模式相同。

当停车时间到，轨旁 ATP 系统停发开门码率，发车表示器闪光，以提醒驾驶员关闭车门。当车门和站台屏蔽门全部关闭并锁定，轨旁改发限速码率。车载 ATP 系统译出限速码率后，将产生一个 2 s 报警声，车载 ATP 系统将使 SBR 吸起。允许驾驶员开车运行。

（7）无意识移动防护。无意识移动防护用于防止列车在自动操作模式或手动模式下的移动。如果 ATP 子系统没有收到码率，将使用全常用制动将列车停下来。如果列车在停站时无意移动且超过超速点（大约 3 km/h）而没有制动保障，紧急制动系统开始工作。

（8）退溜防护。非安全退溜防护由自动和手动模式下的超速防护系统提供。每根速度传感器的两个通道被配置成具有 90°相角的输出信号。该信号被超速 CPU 接收到并且和模式方向手柄的位置一起处理以确保列车运行在所选的方向上。如果检测到运行方向是错误的，将产生紧急制动。

2. ATO 子系统功能

ATO 子系统一般执行由驾驶员所履行的非安全功能。控制列车运行将车速调节到一个参考速度运行，并执行程序车站停车。

（1）速度调整。速度调整是通过采用闭环控制技术来实现的。它按照 ATP 速度命令、ATS 运行等级或停站曲线速度中的最低参考速度控制列车速度。列车速度被保持在参考速度之下，0～5 km/h 的控制范围内。图 3—38 所示为牵引和速度调整框图。

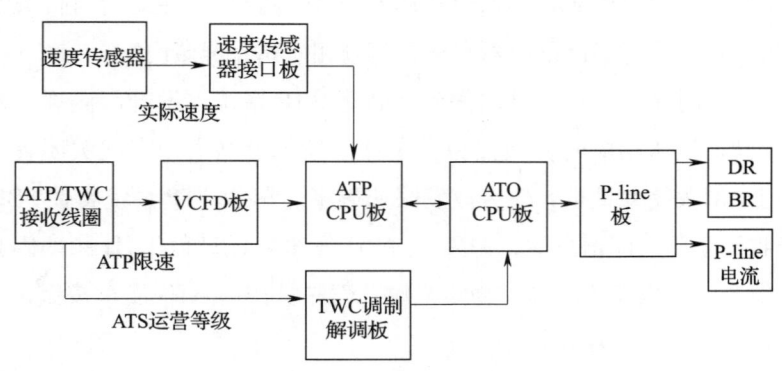

图 3—38　牵引和速度调整框图

（2）牵引系统。ATO 与车辆牵引控制系统的接口由两条列车线（DR 和 BR）和 P – line 驱动器组成。列车线的励磁直接为列车推进控制系统供电（正牵引力）、制动（负牵引力）或惰行（零牵引力）。列车线被励磁，见表 3—5。

表 3—5　　　　　　　　　　　　　列车线励磁

运行状态	DR	BR
牵引	1	1
惰行	0	1
制动（故障情况）	1	0
制动	0	0

注：1 表示继电器接点闭合，励磁列车线。0 表示继电器接点断开，列车线失磁。P – line 驱动器的工作电流从 2 mA（零牵引或零制动）线性增长到 100% 牵引或 100% 制动时的 20 mA。

（3）程序停车。程序车站停车是利用轨旁设备，离车站站台一定距离定位安装的标志线圈系统。车载标志线圈进入轨旁标志线圈的磁场，引起车载放大滤波电路的振荡。振荡频率是由轨旁的标志线圈确定的，每个轨旁标志线圈调谐在不同频率。它们与离车载站台某个已知距离相符。

表 3—6 列出了每个调谐线圈的频率。图 3—39 所示为程序停车框图。

表 3—6　　　　　　　　　　　　　调谐线圈频率

信标类型	频率（kHz）
最外端线圈（350 m）	F3—110；F6—140
中间线圈（150 m）	F4—120；F7—150
内端线圈（25 m）	F8—160
惰行 1	F2—100
惰行 2	F5—130
8 m 线圈	F11—14.4
列车停站	F12—13.2

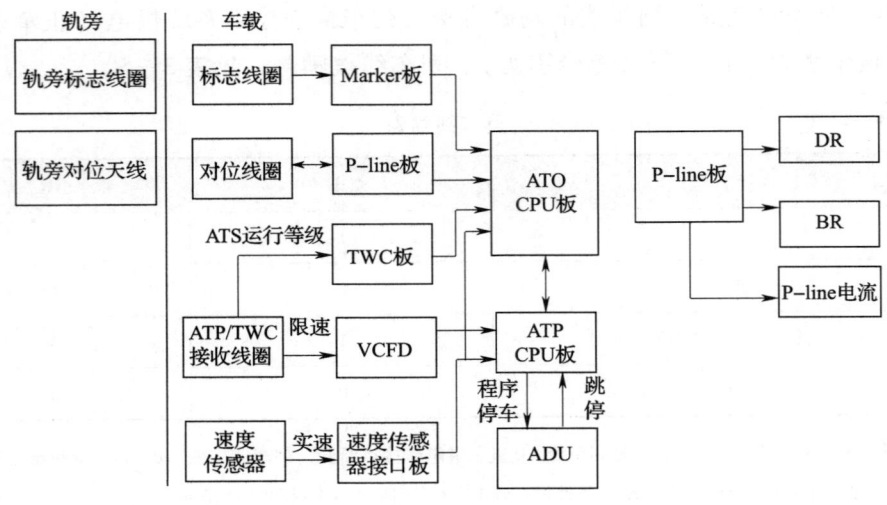

图 3—39 程序停车框图

当一电动列车接近车站检测处外方标志器（离停车点 350 m）时，会启动电动列车的车站停车曲线并点亮 ADU 上程序停车表示灯。电动列车根据中间标志器（离停车点 150 m）和内方标志器（离停车点 25 m）将更新车站停车曲线。当电动列车的车载对位天线检出 8 m 标志器时，电动列车的减速率将调整，使电动列车以比较低的速度运行，一旦电动列车的对位天线检测到车站的对位天线发送的（13.2 kHz）信息，ATO 系统将施加全常用制动，控制电动列车精确定位停车。此时程序停车表示灯熄灭，同时启动车门打开程序。

如果存在一个有效的跳停，跳停指示灯将点亮，程序停车灯就不会亮，标志线圈输入就被忽略，列车将在 ATO/ATS 速度命令下继续运行。跳停也可以通过司机按压 ADU 上的调停按钮来实现。当经过最近一个轨旁对位天线以后跳停功能执行完毕，ADU 上的跳停灯熄灭。

（4）惰行模式。惰行模式的好处就是省电。在 ATO 模式中收到中央控制设备设置的运行等级 2 时或司机通过 ADU 设置后，由 ATS 子系统输入到 ATO 子系统时惰行模式开始生效。当惰行模式有效时，列车一旦检测到惰行线圈，ATO 子系统不再加牵引进行惰行，直到检测到停站曲线或列车速度降到 30 km/h。

3. ATS 子系统功能

ATS 子系统是列车和地面设备之间的双向数据交换系统，其目的在于由中央控制设备进行调度、停车、排列进路和监控。为数据提供传输媒介的 ATS 子系统部分称为列车与轨旁通信（TWC）系统。列车和地面之间的非安全通信是由车地通信系统（TWC）实施的。TWC 输出是以移频键控（FSK）调制的，110 bit/s 的数据信息，9 650 Hz 载频，9 800 Hz 空位。

车载 TWC 子系统接收来自 ATO/ATS CPU 的并行格式数据，然后以串行格式向轨旁 TWC 模块发送。来自车载板的串行数据由电源放大器放大后，用于驱动 TWC 发送线圈，发送线圈里的信号在运行钢轨上感应出一个电流，由轨旁系统感应到。图 3—40 所示为 TWC 框图。

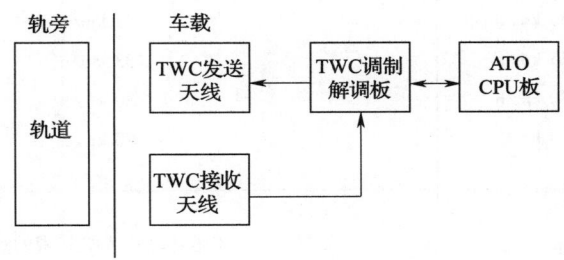

图 3—40　TWC 框图

TWC 数据由轨旁系统经过钢轨传送到 ATP/TWC 接收线圈上。接收到的信号被滤波再送到车载 TWC 板的接收电路，在这里轨旁数据被解码。

列车和轨旁之间的 TWC 子系统运行在"主—从"方式，每次只有一个 TWC 发送。车载 TWC 通过在发射"短信息"和在等待从轨旁 TWC 的反应时的"听"的模式之间交替起"主"设备的角色，并不是所有的轨旁模块都有 TWC 接收器。如果在 200 ms 内没收到轨旁的响应，重复发送短信息。此短信息包含列车目的地编号。

列车将重复发送短信息直到中央 ATS 回送一个响应信息。一旦列车收到轨旁的响应信息，它将送出一个长信息。送到中央 ATS 的目的地编号（短信息）与时刻表数据及列车行进记录相比较。带有与遵循时刻表有关的数据和命令的响应信息被送回到 TWC 模块。此信息再通过 TWC 送给列车以响应下一个列车到轨旁信息。响应信息只在要求更正时刻表（跳过停站或改变运行等级）或列车目的地或运行号改变时，才会被发送。

改变列车的运行等级可用两种方式来实现，来自轨旁响应信息中的中央控制至车载 ATO/ATS 的 CPU 的命令，或车载系统通过运行等级开关手动设定。所提供的 4 种列车运行等级见表 3—7。

表 3—7　　　　　　　　　　列车运行等级

运行等级	速限	ATS 速限
1		参考速度与 ATP 速度相同，列车加速度为最大值
2		参考速度与 ATP 速度相同，列车加速度为最大值，惰行模式
3		参考速度是 ATP 速限的 75%
3	80 km/h	57 km/h
3	65 km/h	48 km/h
3	55 km/h	41 km/h
3	45 km/h	33 km/h
3	30 km/h	30 km/h
3	20 km/h	20 km/h
4		参考速度是 ATP 速限的 65%
4	80 km/h	50 km/h
4	65 km/h	42 km/h
4	55 km/h	35 km/h
4	45 km/h	29 km/h
4	30 km/h	19 km/h
4	20 km/h	13 km/h

从轨旁到车载 ATS 的一位数字命令使得列车跳过目前停站或下一个停站。此命令可在发出列车停车信号之前任何时候被接收（板上）。跳停也可由列车司机在 ATO 模式时按下跳停按钮来产生。按下按钮或收到轨旁命令会取消一个停站操作过程。

技能要求

处理车地通信 TWC 故障

操作准备

车地通信故障检修工具见表 3—8。

第 3 章 列车自动控制（ATC）系统

表 3—8　　车地通信故障检修工具

序号	名称	规格	单位	数量
1	数字式万用表		块	1
2	Cabmatic III 车载系统的实验室测试平台		套	1
3	Fluke190 系列示波器		台	1
4	一字旋具	15 cm 长	把	1

操作步骤

步骤 1　按下电源总开关开启电源，如图 3—41 所示。

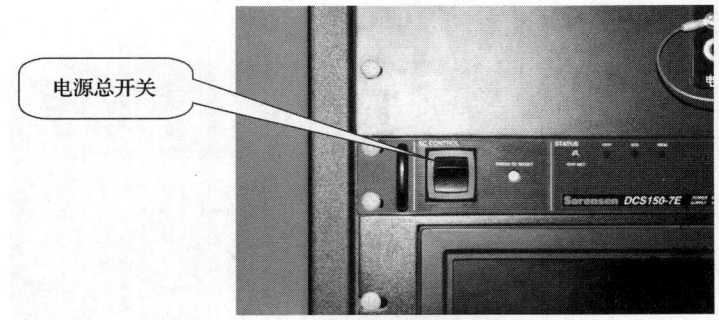

图 3—41　步骤 1

步骤 2　开启设备的机架 ATP1 和 ATP2 电源，如图 3—42 所示。

图 3—42　步骤 2

步骤 3　将测试盘上的 ATP 选择开关置于 ATP1 或 ATP2 位置上，注意，置于并联位是不可以的，如图 3—43 所示。

步骤 4　将测试盘上的码率旋钮旋置 TWC 的位置。

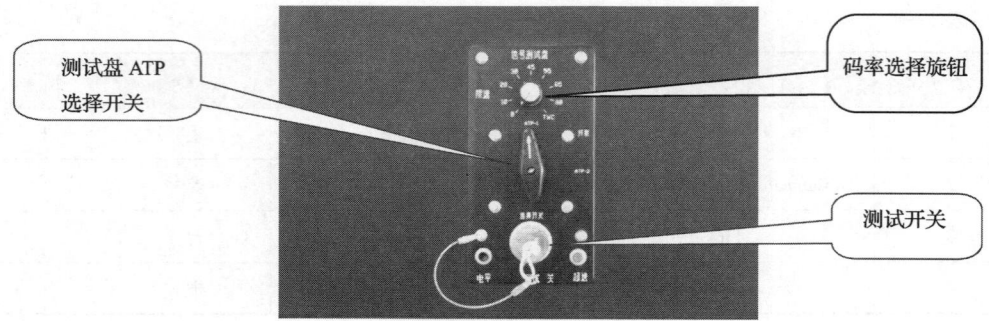

图 3—43　步骤 3

步骤 5　查看 ADU 上的红色数字是否由 123456 变化成 654321 再变化成 123456 这样不断地循环。如没有循环就说明车地通信没有建立，如果不断地循环的话就表示车地通信是建立的，如图 3—44 和图 3—45 所示。

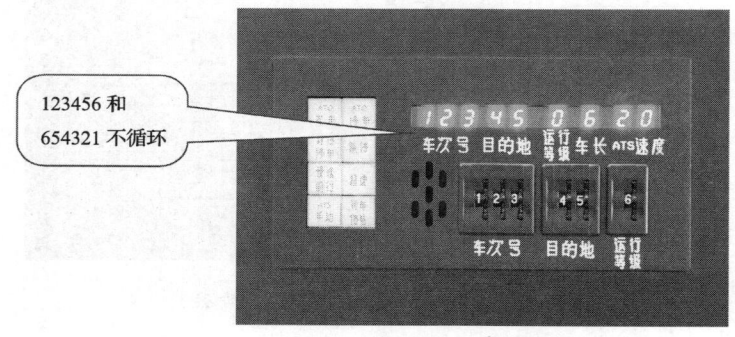

图 3—44　步骤 5（1）

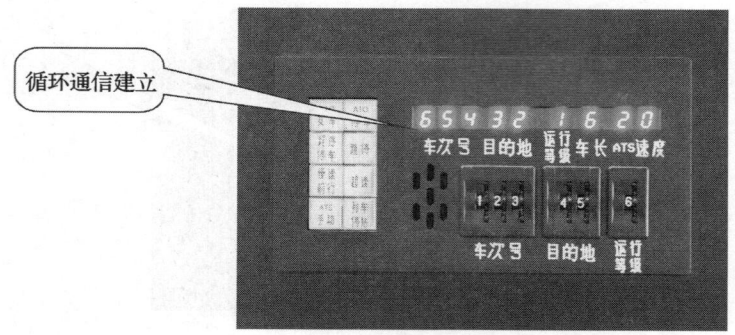

图 3—45　步骤 5（2）

步骤 6　关闭总电源或关闭机架设备上的 ATP1 和 ATP2 的电源。

步骤 7　使用数字式万用表将功能选择挡位置于电阻挡检查 ATP/TWC 的接收线圈的电阻值，J3 插头上的 1 和 3 脚，正常值为 90 Ω 左右。

步骤8 使用数字式万用表将功能选择挡位置于电阻挡检查 ATP/TWC 的接收线圈的电阻值，J3 插头上的 34 和 35 脚，正常值为 1~2 Ω，如图 3—46 所示。

图 3—46 步骤 8

步骤9 使用数字式万用表将功能选择挡位置于电阻挡检查模拟机架接线排上 14 与 15 脚的电阻值，正常值为 1~2 Ω，此 14 和 15 脚是连接到 TWC 发送天线上的，如图 3—47 和图 3—48 所示。

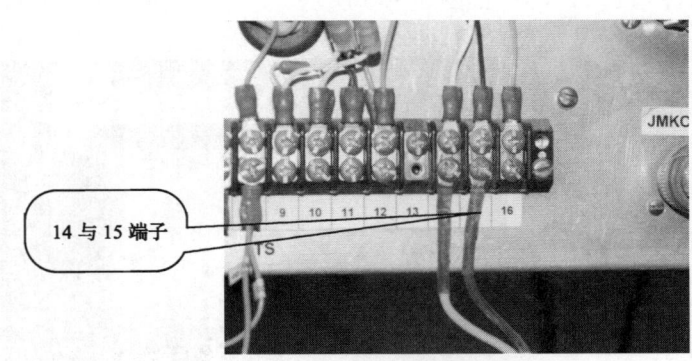

图 3—47 步骤 9（1）

图 3—48 步骤 9（2）

步骤10　使用 Fluke190 示波器测量 TWC Modem 板上 MAIN TX OUT 与 28VCOM 的发送电平。正常数字为 23V P–P（±1 V），如图 3—49 所示。

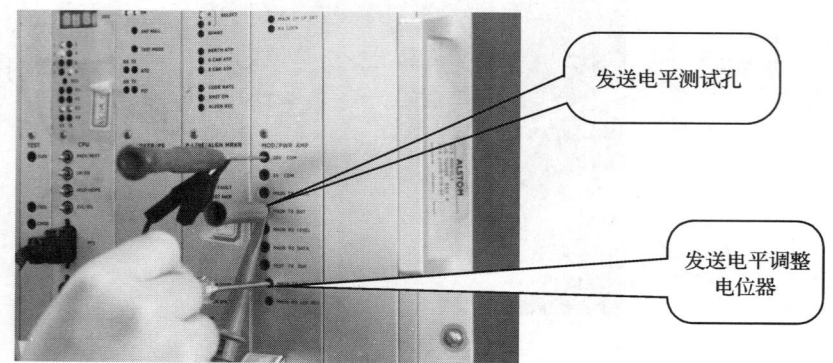

图 3—49　步骤 10

步骤11　使用一字旋具通过调整 MAIN TX LEV ADJ 电位器使 MAIN TX OUT 输出电平达到 23 V P–P（±1 V），如图 3—50 所示。

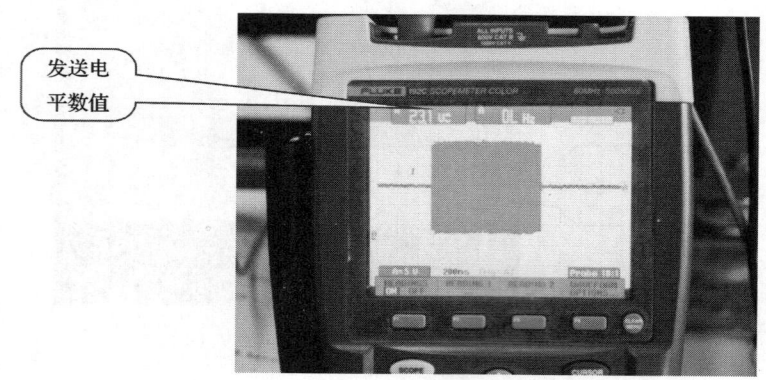

图 3—50　步骤 11

步骤12　使用 Fluke190 示波器测量 TWC Modem 板上 MAIN RX LEVEL 与 5VCOM 的接收电平。正常数字为 1.5 V P–P（±0.1 V），如图 3—51 所示。

步骤13　使用一字旋具通过调整 MAIN RX LEV ADJ 电位器使 MAIN RX LEVEL 接收电平达到 1.5 V P–P（±0.1 V），如图 3—52 所示。

步骤14　通过以上的检查与测试，分析判断找出故障所在，修复故障点及更换故障器件，故障排除后复查及设备恢复。

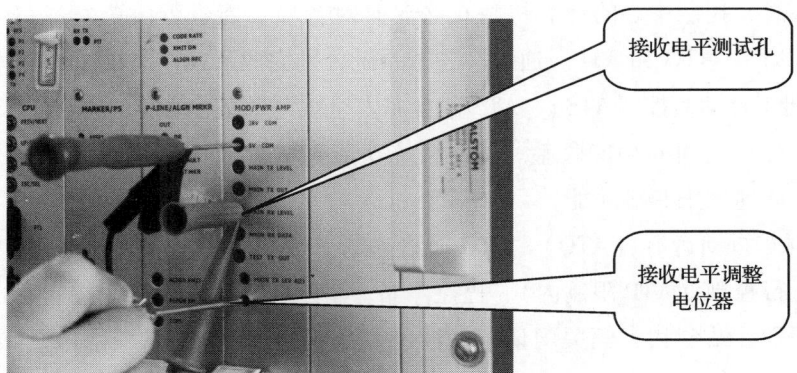

图 3—51　步骤 12

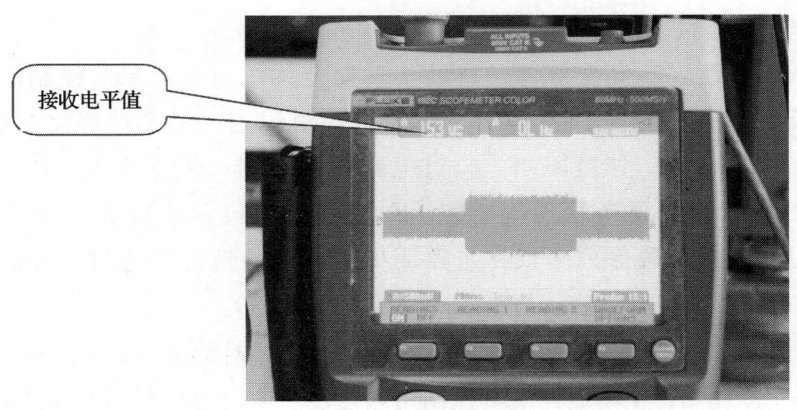

图 3—52　步骤 13

3.2.2　USS ATC 系统的功能

知识要求

运输管理与控制包含了涉及广泛应用和优先级的多种功能。在 ATC 中,这些功能被划分为不同的功能层次。

(1) 列车防护。防止碰撞和脱轨。

(2) 列车驾驶。控制列车运行和站点停靠。

(3) 列车监控。根据时刻表指挥列车运行。

(4) 通信。系统各部分间的信息交换。

每个层次功能与其他各层次功能在一定程度上保持独立。然而,为形成一个综合实时控制系统，控制中心的计算机将在必要时对各项功能进行协调。每一层次对应三个子系统：ATS、ATO 和 ATP。通常，各子系统分别完成 ATC 系统的如下工作。

（1）列车自动监控（ATS）。ATS 包含非安全或与非安全相关功能。ATS 充当控制中心与轨旁站点之间的功能联系。ATS 系统功能包括车辆自动调度、自动进路、时刻表控制、区间速度限制等功能。

（2）列车自动运行（ATO）。ATO 同样包含非安全或非安全相关功能。ATO 功能包括车辆运行控制（ATP 限制内）、程控停靠、车门开启请求、停留控制、自动进路开始、车辆识别、站台和车辆关门请求、性能变更、列车就绪、发车测试及车况监控等功能。对于车速低于 ATP 系统规定的最大安全速度时激活的功能，ATO 系统可对其进行自动控制，并确保列车平稳高效地运行。

1. 列车自动防护功能

ATP 系统借助故障安全概念，协助实现安全系统运行。ATP 强制实行速度限制，确保安全的列车间隔以及列车行驶符合轨道限速。ATP 功能包括联锁控制、列车检测、车速选择、速度限制、轨道电路占用检测、紧急停车系统、停靠、方向控制、出站抑制及列车间隔等功能。在联锁区（包含轨道交叉网络的站点），ATP 可通过联锁系统确保列车仅在进路明确无占用的情况下通过，并确保道岔锁闭于所需位置。

（1）站控室和站控计算机。每个拥有 SER 的站点同时配备一个站控室（SCR）；站控室内设一个工作站，供本地调度员控制站点之用。一般由控制中心对所有站点实施控制，但通常为了实现维护的目的，控制由本地调度员完成。SCR 内的工作站称为站控计算机（SCC）。调度员可通过 SCC 控制转辙机、信号机，请求进路并执行区间速度限制，进而指挥列车通过联锁控制边界。

（2）信号设备室（SER）。典型信号设备室（SER）包括安全和非安全电子联锁设备（EIE）、数据传输设备、安全继电器、轨道电路和每一站点运转所必需的配电设备。SER 内的 NVLE 工作站连接于安全电子联锁计算机（MicroLok Ⅱ）及可实现列车与轨旁间双向通信的车地通信（TWC）子系统。NVLE 可执行与轨旁联锁站点有关的所有非安全逻辑功能。

（3）MicroLok Ⅱ。轨旁联锁逻辑与速度数据逻辑由 MicroLok Ⅱ 计算机系统实施。对于每个 SER，由冗余联锁 MicroLok Ⅱ 装置实施联锁控制逻辑，并由冗余轨道 MicroLok Ⅱ 装置实施速度数据逻辑。停靠逻辑、进路控制逻辑、转辙机控制、联锁轨道电路指示监控、与相邻 SERs 的安全通信及与 NVLEs 的通信均涉及联锁 MicroLok Ⅱ。速度数据逻辑由轨道 MicroLok Ⅱ 实施。轨道 MicroLok Ⅱ 可接收来自 AF-904 装置的轨道占用数据、来自控制中心的行动请求（通过 NVLE）及来自联锁 MicroLok Ⅱ 的指示和其他数据，并根据这些输入值为每一轨道电路计算目标距离、线路速度和目标速度。这些输出值后经 AF-904 装置发送至列车。

（4）AF-904 轨道电路控制器。AF-904 装置可执行列车检测和机车信号功能。该装置通过监控轨道感应信号及产生传输字段的信号实施列车检测。列车靠近时将对轨道电路产生分流作用，从而使传输字段无法到达接收器。当信号消失后，AF-904 将通知轨道 MicroLok Ⅱ 轨道电路已被占用。AF-904 装置还可通过向列车发送速度指令来执行机车信号功能。AF-904 采用频移键控调制向轨道传输数字格式数据。由相邻轨道电路传导的信息将通过不同的载波频率进行传输。列车车载 ATP 子系统将接收并解码该重要信息。所传输的信息包括目标距离、目标速度和线路速度。

（5）车地通信（TWC）。TWC 系统可在列车与轨旁设备之间进行非安全双向通信，并具有测距功能以支持列车的程控停靠。TWC 系统由轨旁环线、轨旁耦合单元及置于 SER 内部的 TWC 控制器组成。

（6）非安全逻辑模拟器。SER 的电子初始化设备（EIE）的非安全部分可通过冗余计算机（称为非安全逻辑模拟器，NVLE）的配置实现。NVLE 负责联锁监控及控制中心与 MicroLok Ⅱ 和 TWC 装置间的通信。NVLE 包括主副两台服务器、一个键盘和一个纯文本监控器。

（7）电子联锁设备（EIE）。EIE 由主副 NVLE 设备及 MicroLok Ⅱ 安全处理器组成。NVLE 系统可模拟所有非安全功能并且与本地控制设备接口。

（8）站台屏蔽门控制（PSD）。当列车进站时，轨旁设备将向站台屏蔽门系统（由其他公司提供）发出开门指令。该指令为联锁 MicroLok Ⅱ 发出的安全输出信号。针对不同车厢（4 车厢、6 车厢或 8 车厢）发射不同信号以开启相应屏蔽门。PSD 系统在收到上述两种指令后开启屏蔽门。当列车停站时间结束，MicroLok Ⅱ 将撤销开门信号，命令 PSD 系统关闭屏蔽门。待屏蔽门关闭后，PSD 系统将向轨旁设备发出门已关闭并锁定的信号。该信号为列车出站的必备信号。轨旁设备与 PSD 系统之间的此类通信属于事件（包括列车停靠及列车与轨旁设备间的无线通信）协同顺序问题。

（9）停靠。轨旁系统为所有站台均提供了 AF-904 停靠环线，以确保列车停靠位置正确。列车可探测环线传输的载波频率，并在车头到达环线上方时停车。列车的正确停靠是实现列车与屏蔽门相对应的必要保障。

（10）车地无线通信。进站列车通过安全无线通信确保屏蔽门系统可根据列车长度打开相应数量的屏蔽门。列车向轨旁系统通知其车厢数量，后者将该信息传输至PSD系统。列车采用了移动无线电通信方式，可在进站时与车站无线接入点建立连接。当车辆停止后，车载ATC将向轨旁系统通知车辆停靠状态及携带车厢数量。列车通过移动无线电将该信息发至无线接入点，进而传输至MicroLokⅡ，并由MicroLokⅡ命令PSD系统打开相应数量的站台屏蔽门。待停站时间结束后，司机将按下关门按钮，由车载ATC通知轨旁系统关闭站台屏蔽门。当轨旁系统收到PSD系统发出的屏蔽门关闭和锁定信号后，将通过接入点将该信息传输至列车，通知列车出站。

（11）轨旁联锁控制站点。USS系统的每个联锁站点皆包括站台、渡线及实施列车换轨所必需的轨旁信号机。渡线用于在常规正线运行期间完成列车折返。本地调度员在实施联锁本地控制时，应首先请求控制中心放弃联锁控制权，并将其转至联锁站点。此外，本地操作员可通过紧急转换单方面获取该控制权。电动转辙机可控制正线轨道运动。道岔及联锁装置的相关固定轨旁信号机受控于进路联锁电路，并且可由操作员通过本地SCC终端进行控制。可通过中心模式的OCC和本地模式的SCR对进路进行控制。

2. 车载ATC系统的模式

对于MicroCab Ⅱ车载ATC系统支持三种运行模式：自动（ATO）模式、人工（ATP）模式和切断（OFF）模式。车载ATC系统同样也可以被旁路（Bypass）。所有模式均要求司机在任何时间内在车上进行操作和监视。

（1）自动模式。司机将驾驶台上的模式/方向手柄置于ATO位置。站间，列车完全自动运行，由ATO子系统进行速度控制调节和车站程序定位停车。由ATP子系统提供超速防护，由车载ATC系统和司机配合，执行列车车门的开、闭操作控制，要求司机启动列车从车站出发。

（2）人工模式。司机将驾驶台上的模式/方向手柄置于ATP位置。站间，列车由司机根据ATP速度命令完成速度控制，由ATP子系统提供超速防护。到站也由司机完成停车控制，司机在保证安全的前提下，操作列车门的开启和关闭。在人工模式中允许反向运行和慢速前行（CLOSEIN）运行，当列车在人工模式下运行时，列车丢失有效的机车信号信息，或显示为零限速时，列车停车以后，司机以慢速前行模式，控制列车以低于20 km/h的车速移动列车，来寻找机车信号或非零限速，一旦人工模式下，允许启用慢速前行模式，则 CLOSEIN 表示灯点亮，当列车重新获取机车信号或非零限速时，该表示灯会熄灭；反之，当列车在慢速前行模式下超速（>22.5 km/h），会导致列车完全停车，并停止慢速前行模式。

反向模式并不是指上、下行线路的反向运行，它是指人工模式下，例如，列车冲出站台停车，这是不正确的停车，不允许司机打开列车门，这种情况下要改变列车位置，应遵照严格的操作规程，在征得调度员同意以后，司机可在停车的情况下，将模式/方向手柄置于"反向"位置，列车可以进入"反向运行"模式。一旦要求反向运行，"方向"就丢失，但当列车正确地在站台对位，方向仍可重新建立，并允许打开车门。该模式提供了 10 km/h 限速的超速防护功能。

（3）切断模式。司机关闭控制锁开关，ATP/ATO 子系统被电气隔离，完全由司机完成所有的运行操作功能，但速度传感器的独立速度输入至显示单元，显示列车运行速度。

（4）旁路模式。相比切断模式，这是一个特定的模式，它只有在列车模式开关置于"ATC 旁路"时才有效，在进入旁路模式前，可处在 ATC 系统正常的操作模式，只要列车进入旁路模式，ATC 的输入、输出全被"旁路"隔离，显示单元的"ATC 旁路"表示灯点亮，列车完全依赖于司机按操作规程控制，这种模式往往在正线转至出/入库线时，或者转入非运营线路时采用。

3．车载 ATP 系统功能

车载 ATP 子系统是确保列车运行安全的关键设备，它与地面 ATP 设备相配合，完成速度或距离信号的接收和解译，实现超速防护、制动保证、零速检测、车门控制、后退防护等。

4．车载 ATO 系统功能

当列车处在自动操作模式下，车载 ATO 子系统才能发挥作用，该系统自动履行司机操作的非安全功能，ATO 系统主要功能有自动控制列车的加减速等速度调节，并自动完成列车在车站的程序定位停车。

速度调节功能是 ATO 系统将收到的 ATP 限速、运行等级及进站停车曲线产生一个 ATO 的控制速度，ATO 会将列车的实际速度和上述参考速度进行比较，让列车车速始终保持在这个速度。具体实施方法主要通过向车辆牵引和制动控制系统输出不同电流值来控制车速，由此决定了向列车提供动力（正牵引力）、制动（负牵引力）和惰行（零牵引力）速度调节功能。

车站程序定位停车是保证列车在车站的定位停车，在人工操作模式下，通常司机

在制动时全凭直觉估计到停车点的距离,根据当时的列车速度来推算减速度,也即完全按"经验模式"操作制动,所以要做到定位停车是相当困难的。而定位停车对于城市轨道交通,尤其是在设置屏蔽门的车站尤为重要。定位停车控制方式,一般采用"距离控制"方式为多。所谓"距离控制",是根据制动动作点到定位停车点的距离,以及列车实际速度、列车重量、天气情况、空走时间、线路条件等算出其制动曲线,并在定位停车点的附近进行阶段缓解,以不断修正与定位停车点之间的误差,阶段缓解点为制动中的列车速度与新的制动模式曲线的交叉点。

根据 ATC 制式的不同,定位停车方式有曲线式制动和台阶式制动两种,以模拟轨道电路为基础的 ATC 系统,在距定位停车点规定的距离处,设置定位停车用的标志器,标志器设置的多少和设置的距离,视列车性能而异,一般为 3~4 个点,也即列车停车用控制信息,是借助于非连续的几个点的固定信号,这种方式称为台阶式制动。而曲线式制动是基于数字式轨道电路。数字编码轨道电路可以连续地向列车提供实时信息,而且通过设在站台区域的交叉环线的交叉点或信标,对停车控制进行定位修正,保证停车的精度,也提高了停车制动时的舒适性。

技能要求

测量 TWC 输出电压

操作准备

TWC 输出电压测量工具见表 3—9。

表 3—9　　　　　　　　　　TWC 输出电压测量工具

序号	名称	规格	单位	数量
1	USSI TWC 系统		套	1
2	试车线 MMI		套	1
3	万用表	Fluke187	块	1
4	试车线图样		本	1

操作步骤

步骤 1　在图样中找到相应 TWC 在分线盘上对应的端子,如图 3—53 所示。

第3章 列车自动控制（ATC）系统

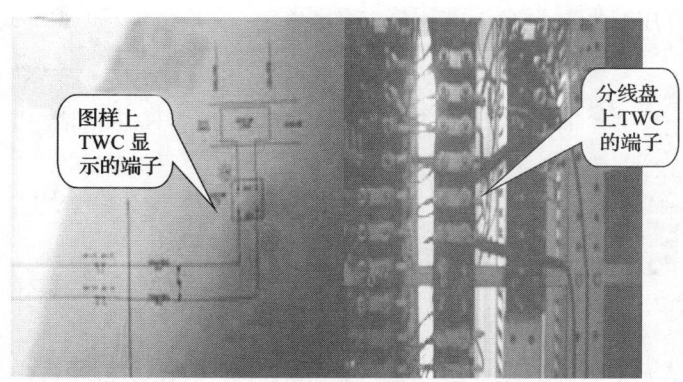

图3—53 步骤1

步骤2 登入 MMI 操作界面，如图3—54 所示。

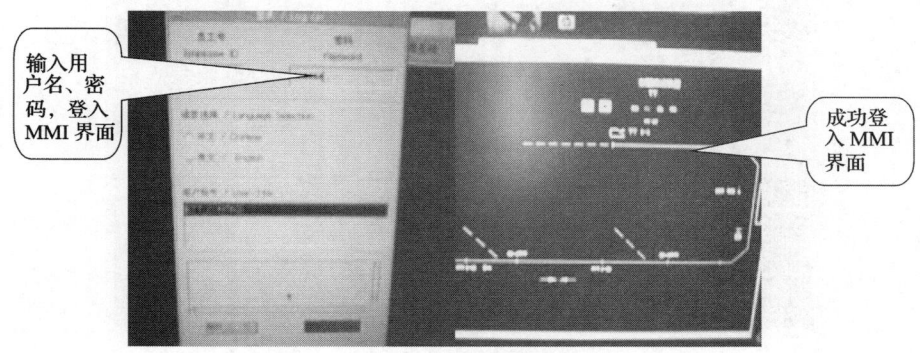

图3—54 步骤2

步骤3 在站台处点击鼠标左键，在弹出窗口中点击"连续通信"按钮，并右键选择"发送"命令，如图3—55 所示。

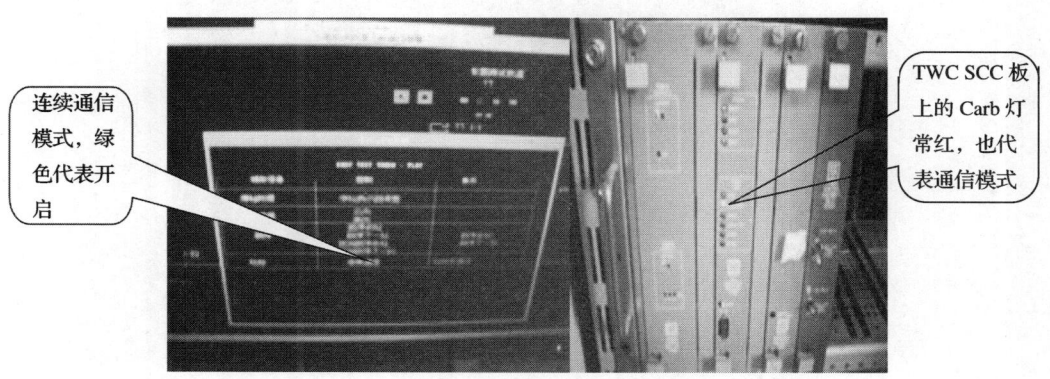

图3—55 步骤3

步骤4　将万用表调整至交流电压挡，测量数据。如图3—56所示。

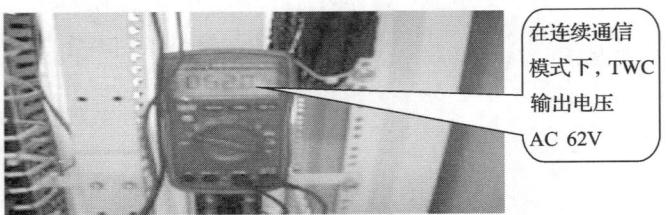

图3—56　步骤4

步骤5　测试完毕后，右键点击绿色"连续通信"按钮，左键选择"关"，右键选择"发送"，最后连续通信恢复灰色模式，如图3—57和图3—58所示。

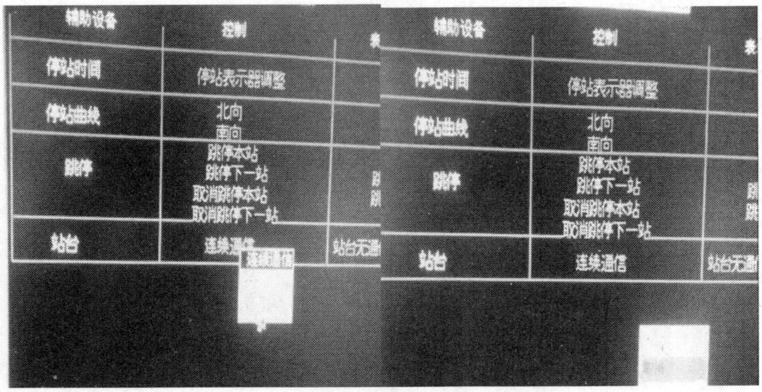

图3—57　步骤5（1）

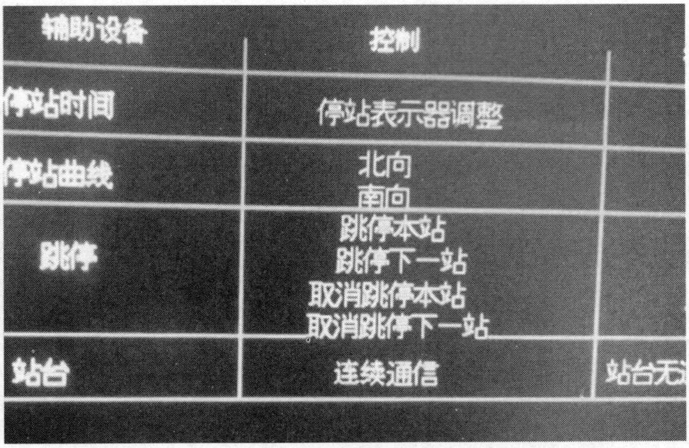

图3—58　步骤5（2）

注意事项

若发现工器具损坏、图样凌乱请立即上报且收拾整理；若设备上有明显灰尘请用抹布擦拭干净，若机房有明显灰尘或垃圾请清扫干净。

技能要求

用 FSK 软件录取轨道电路数据

录取车载动态 ATP 数据

下载读取并分析 PTU 故障数据

操作准备

实训设备及工具见表 3—10。

表 3—10　　　　　　　　　　实训设备及工具

序号	名称	规格	单位	数量
1	ATC 机柜		套	1
2	笔记本型计算机		台	1
3	串口数据线		根	1
4	方孔和主控钥匙		套	1

操作步骤

步骤 1　确认计算机和连接线连接正常，如图 3—59 所示。

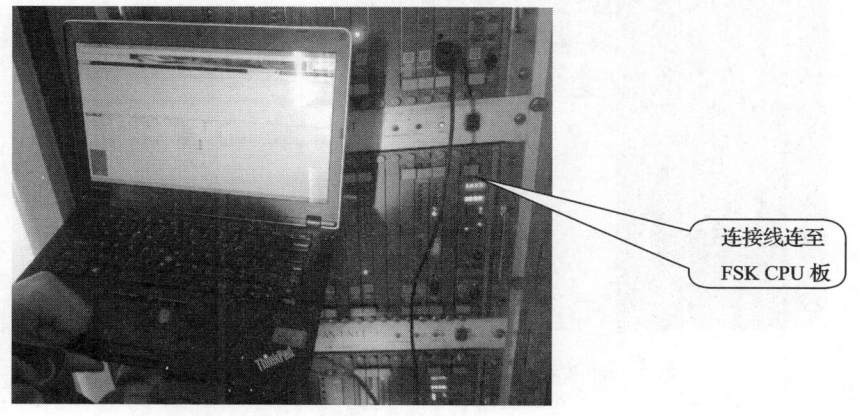

图 3—59　步骤 1

步骤2 打开软件,检查软件设置,如图3—60所示。

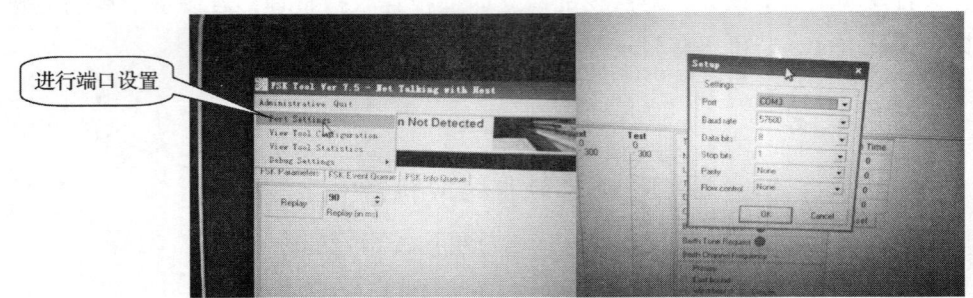

图3—60 步骤2

步骤3 建立连接,记录数据,如图3—61所示。

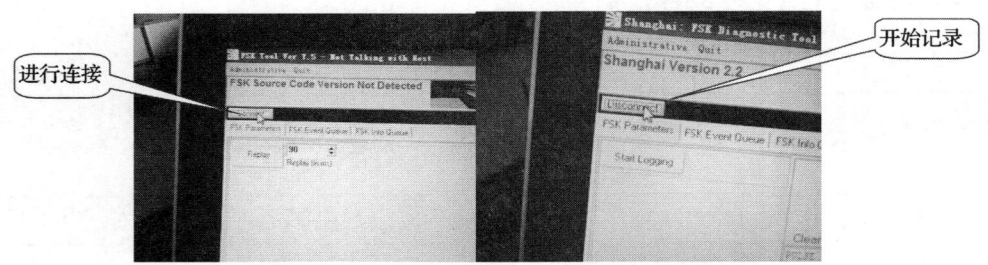

图3—61 步骤3

步骤4 要求司机动车,运行至停车点停车,终止连接,保存数据,如图3—62所示。

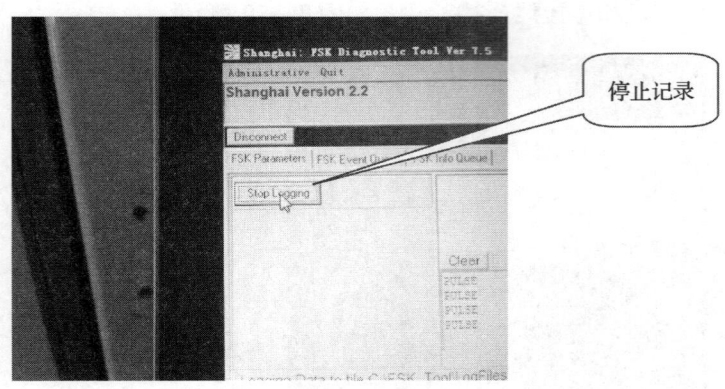

图3—62 步骤4

步骤5 分析数据。

步骤6 确认计算机和连接线连接正常，如图3—63所示。

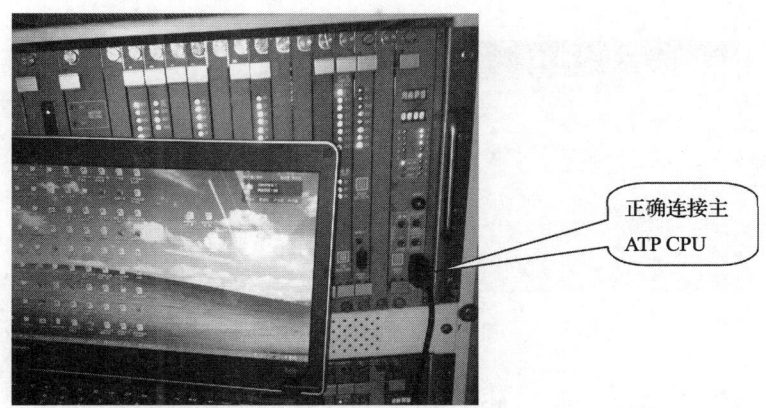

图3—63 步骤6

步骤7 打开软件，进行登录，检查软件设置，如图3—64和图3—65所示。

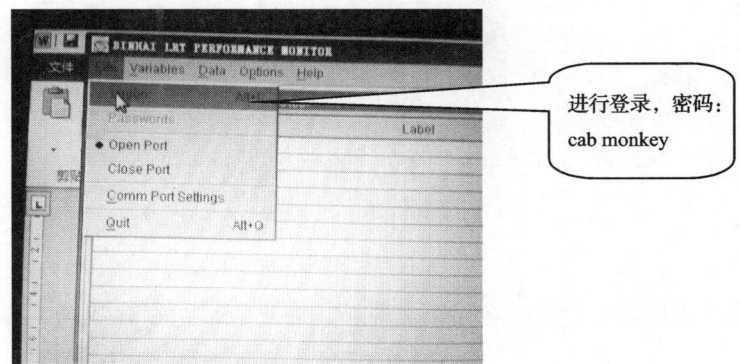

图3—64 步骤7（1）

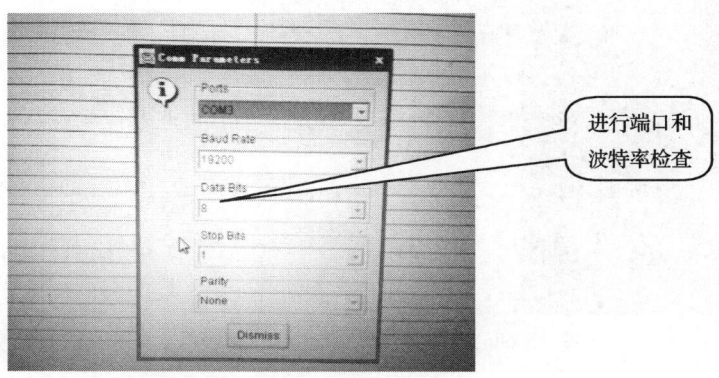

图3—65 步骤7（2）

步骤 8　建立连接，记录数据，如图 3—66 和图 3—67 所示。

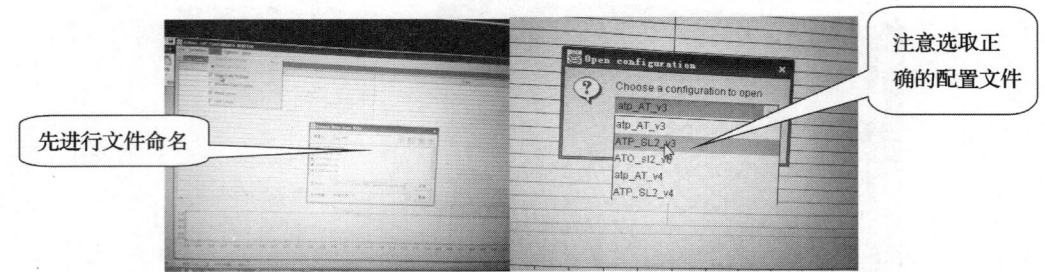

图 3—66　步骤 8（1）

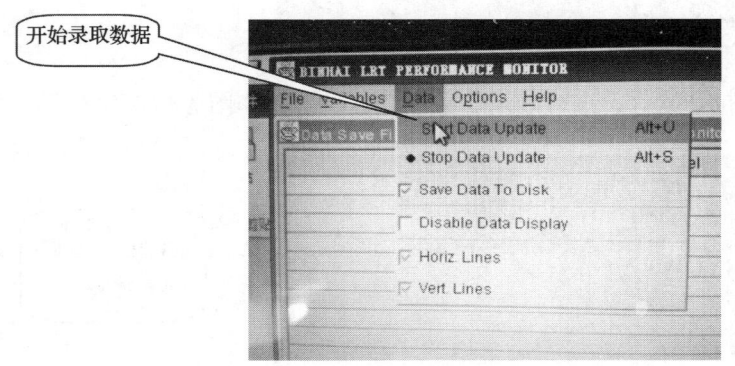

图 3—67　步骤 8（2）

步骤 9　要求司机动车，运行至停车点停车，终止连接，保存数据，如图 3—68 所示。

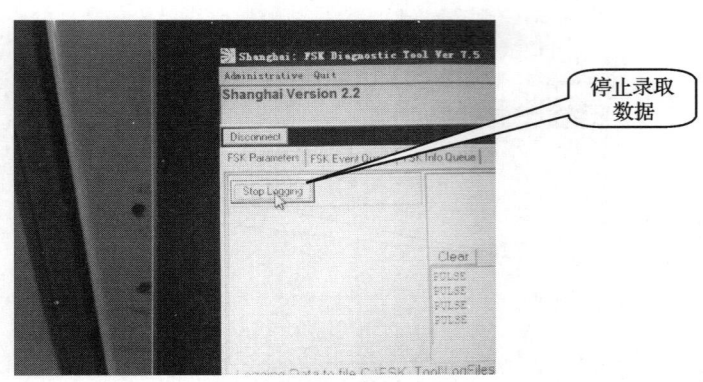

图 3—68　步骤 9

步骤 10　下载 PTU 数据，如图 3—69 所示。

图 3—69　步骤 10

步骤 11　根据数据分析故障原因，如图 3—70 所示。

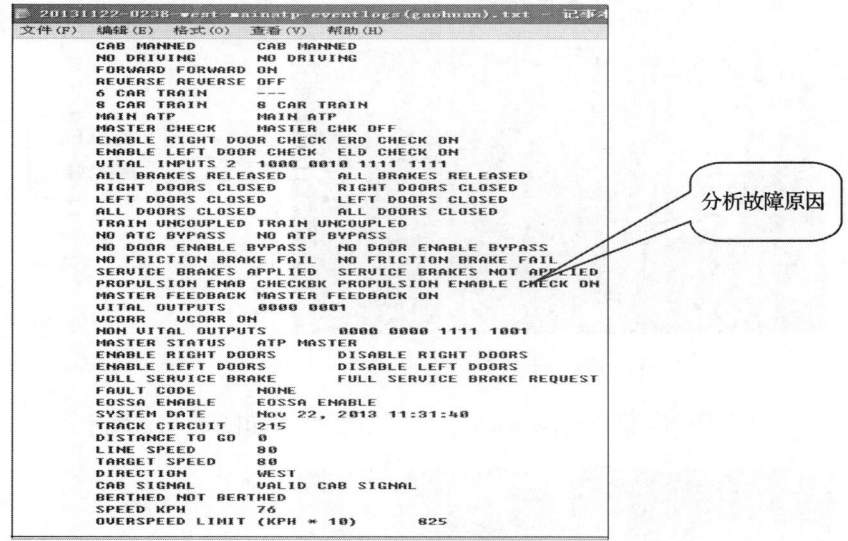

图 3—70　步骤 11

技能要求

排除 ADU 状态显示单元故障

操作准备

ADU 排故工具见表 3—11。

表 3—11　　　　　　　　　ADU 排故工具

序号	名称	单位	数量
1	电客列车（AC08 或 AC17 型）	列	1
2	一字旋具	把	1
3	数字式万用表	块	1
4	方孔和主控钥匙	套	1
5	十字旋具	把	1
6	内六角扳手	把	1
7	禁动牌	块	1

操作步骤

步骤 1　按压 ADU 上灯光测试按钮，如图 3—71 所示。

图 3—71　步骤 1

步骤 2　关闭 ADU 电源，拆除 ADU 4 个固定螺钉，如图 3—72 所示。

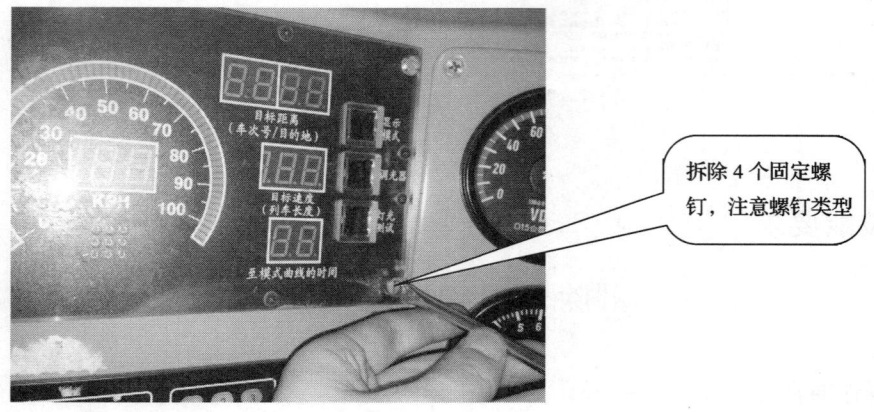

图 3—72　步骤 2

步骤 3　拆下 ADU，检查航插，如图 3—73 所示。

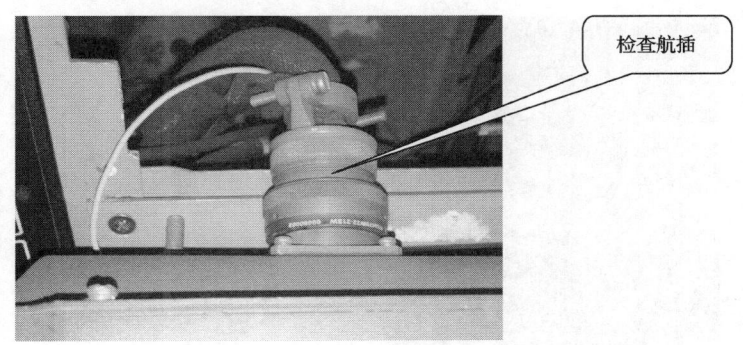

图 3—73　步骤 3

步骤 4　打开 ADU 电源，测量 ADU 供电电压，如图 3—74 所示。

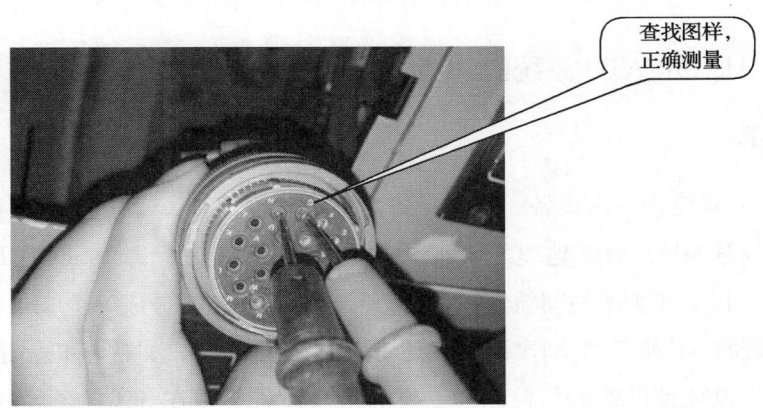

图 3—74　步骤 4

步骤 5　关闭 ADU 电源，将航插安装到位，打开主控钥匙，检查"ATC 安全输入"空气开关，如图 3—75 所示。

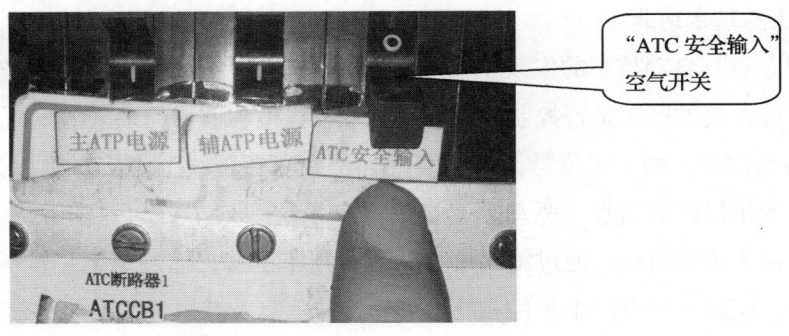

图 3—75　步骤 5

步骤6 打开主控钥匙，查看主 ATP CPU "3" 灯，如图3—76所示。

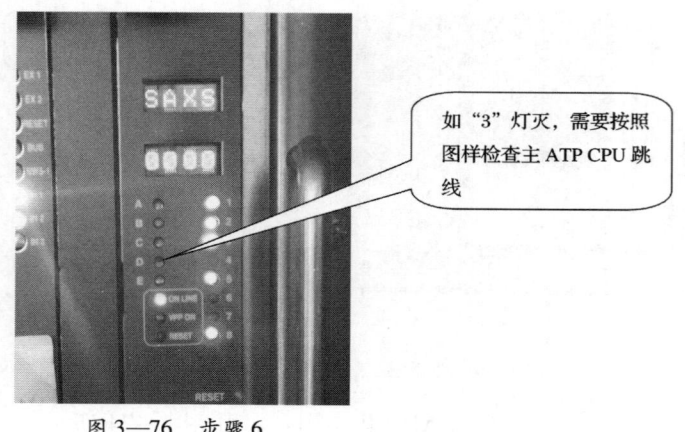

如"3"灯灭，需要按照图样检查主 ATP CPU 跳线

图 3—76 步骤 6

3.2.3 Alstom ATC 系统的功能

知识要求

Alstom ATC 系统由室内设备、室外设备、车载设备及 OCC 设备组成。该线路按设备（轨旁 SACEM2003）管辖地理区域划分称之为 SECTOR 区；每个 SECTOR 区包括 2、3 或 4 个车站，以及相关的站间轨道。根据信号设备将车站划分成一个 CBI 车站的轨道电路机架、联锁机架和车站 ATS 设备。还有其他信号设备，如信号机、道岔、DI 和 PEP，它们由本站联锁设备远程控制。主要的信号设备集中在 SECTOR 区的特殊车站，这些车站称为主设备站（MES）。一个主设备站包括轨道电路机架、VPI2 机箱、SACEM 的 SECTOR 设备以及车站 ATS 设备。还有其他信号设备，如信号机、道岔转辙机、DI 和 PEP 由本站联锁设备远程控制。用户提供这些设备，电缆机架、继电器和室外电缆。

1. 系统的基本功能

ATC 列车运行自动控制的实现主要由 3 个原理支撑，它们分别为：列车的定位原理、基于目标距离的列车运行控制原理及编码里程计位移监测原理。

（1）定位原理。列车定位是为了计算并确定列车在正线上的实时坐标，以便处理系统常量、变量提供的信息，驱动列车自动保护系统和列车自动驾驶系统。列车定位功能主要由以下步骤组成：通过编码里程计测量列车位移；通过重定位信标（RB）矫正测量误差。完成定位有两个条件：获取列车定位信息及获取连续的轨旁信息。

Alstom U200 系统通过在正线上铺设多种多个不同功能的信标来实现列车的定位。

如果将正线看作坐标轴，每一个信标就是正线上的一个坐标点，列车经过信标时通过采集信标信息来获取列车定位信息。连续的车地通信为车载信号设备提供轨旁信息（常量和变量），这些信息对于列车 ATO、ATP 模式来说是必需的。当车载信号设备能获取列车定位信息及连续的轨旁信息时，就表示列车完成定位，列车定位和车地通信是相辅相成的，确定列车位置，同时提供前方轨道状况，如果车载信号设备无法知道目前列车的精确位置，轨旁信息对于列车来说就毫无意义了。

（2）静态初始化。当列车停在静态初始化信标上方时，将会接收静态初始化信标发送的信息，包括列车需要监听的连续通信信道的代码及静态初始化信标所在位置的完整区段号，车载 ATC 系统完成校验后将驱动信息接收装置并获取系统常量以完成定位。但此时，编码里程计还未进行轮径校准，需要在下一个动态初始化信标处进行校验。

（3）驾驶模式

1）RMO（RM）。限制人工驾驶模式，司机以不超过 25 km/h 的速度驾驶列车，速度表上的目标速度为 22 km/h，ATP 子系统仅仅防护列车速度不超过 25 km/h。RMO 驾驶模式多用于车载 ATC 系统还未进行初始化之前及车载 ATC 故障时和列车安全由司机保证时。

2）ATP（CM）。ATC 保护下的人工驾驶模式，司机根据速度表上的目标速度驾驶列车（实际速度 = ATP 子系统计算出来的目标速度 − 3 km/h），列车安全完全由 ATP 系统保障。这种驾驶模式通常用于 ATO 子系统故障或者主、备用 ATP 选择开关切换到备用 ATP 时使用（备用 ATP 机柜没有 ATO 功能），一般在 ATO 故障时或线路现状需要人工控制车速的情况下使用。

3）ATO（AM）。自动驾驶模式，ATO 子系统遵循安全相关的限制和调整命令自动驾驶列车，ATP 子系统确认所有显示给司机的命令被遵守，而且在必要时触发紧急制动，列车安全完全由 ATP 子系统保障，驾驶功能完全由 ATO 子系统来实现。

（4）驾驶模式的转换

1）从 RMO 到 ATP。升级模式，该转换可以在列车移动或静止定位后自动实现，无须司机任何操作。

2）从 ATP 到 ATO。升级模式，只有在列车停止时司机才能操作。司机需要按压启动控制按钮进行发车。

3）从 ATO 到 ATP。降级模式，三号线列车运行或静止时司机都可以操作，四号线只有静止状态可以切换模式。

4）从 ATP 到 RMO。降级模式，在列车停止时可以操作。当列车在 ATP 模式下有目标速度时，无法触发 RMO 模式。

（5）列车系统初始化

1）在 STIB 信标上的初始化。一旦车载 SACEM 系统通过自检，那么司机将模式选择开关置于手动挡上，按压限速模式按钮，以 RMO 模式将列车开到第一个 STIB 信标上方（DDU 上的 RMO 指示灯亮黄灯）。当列车在读取 STIB 信息时，DDU 上的 RMO 指示灯会闪黄灯，提示司机等待，同时 ATO 灯、ATP 灯也会闪绿灯；2～3 s 后，一旦 STIB 上的初始化步骤完成，DDU 上的 ATP 灯、ATO 灯亮稳定为绿色。这时如果信号机开放，司机可以根据速度表上的目标速度以 ATP 模式驾驶列车（DDU 上的手动模式灯、正常灯、ATP 灯、ATO 灯亮绿灯，RMO 灯灭，目标速度不为零），或者将模式选择开关拨到 ATO 挡（DDU 上的 ATO 模式灯、正常灯、ATP 灯、ATO 灯亮绿灯，RMO 灯灭，目标速度不为零）。按压启动控制按钮，列车将自动驾驶。

如果 STIB 信标与前方的 S-Bond 或信号机距离大于 15 m，列车在 STIB 上初始化后，目标速度仍然为零；列车必须依旧以 RMO 模式开到前方 S-Bond 或信号机处，一旦列车越过前方 S-Bond，ATO 灯亮稳定为绿色。如果司机要以 ATO 模式驾驶列车，可以停车并将模式选择开关拨到 ATO 挡，按压启动控制按钮后自动发车。

2）在 MTIB 信标上的初始化。列车的初始化还可以在 MTIB 信标上进行。列车启动并且车载 SACEM 系统通过自检之后，司机将模式选择开关置于手动挡模式上，按压限速模式按钮，列车以 RMO 模式越过第一个 MTIB 信标。几秒后，一旦初始化步骤完成，DDU 上的 ATP 灯亮稳定为绿色，ATO 灯闪绿灯，这时候 ATP 模式自动触发，在下一个限制点前，速度表上的目标速度也由 22 km/h 变成相应的当前 ATP 限速。列车越过前方的 S-Bond 后，DDU 上的 ATO 灯亮稳定为绿色，RMO 灯灭灯。司机可以 ATP 模式继续驾驶列车或者停车后选择 ATO 模式。

（6）列车运营调整

1）人工扣车。车站值班员和中央调度员都可以进行扣车操作。如果扣车命令在列车停站结束前 5 s 之前传送到车载 SACEM 系统，DDU 上的"发车"按钮亮红灯。一旦扣车命令取消，DDU 上的"发车"灯闪绿灯，轨旁的发车表示器闪白灯 5 s 后变成稳定的白灯，同时蜂鸣器响 3 s，通知司机关闭车门并发车。司机按压相应侧的关门按钮后，如果所有的车门关闭并且锁闭（司机通过 DDU 上的车门关闭显示可以确认），那么 DDU 上的"发车"指示灯闪绿灯 5 s 后变稳定绿灯。司机按压"发车"按钮发车，这时 DDU 上的"发车"指示灯灭灯；一旦列车离开站台，操作台上的左/右侧服务灯（L/R）灭灯。

如果扣车命令在停站结束前 5 s 之后收到，也就是发车表示器开始闪白灯，扣车命令视为无效。

2）跳停。车载设备 ATO 模式下，中央调度员可以在 CATS 上设置跳停，跳停命令必须在跳停站的前一站之前设置。一旦车载 SACEM 系统收到跳停命令，DDU 上的跳停灯亮黄灯并且一直保留到跳停站。如果列车越过跳停站，DDU 上的跳停灯则灭灯。

3）PEP 的触发。如果车站发生紧急情况，PEP 按钮被按下，那么车站附近预定紧急区域（相对于运行方向：站台及站台前 200 m，站台后 40 m，如图 3—77 所示）内相应的列车会紧急制动。速度表上的目标速

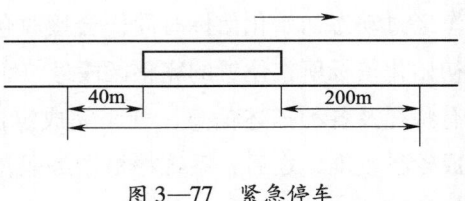

图 3—77 紧急停车

度为零，DDU 上的 EB 指示灯闪红灯，蜂鸣器响。等到站台 PEP 恢复按钮按下后，DDU 上的 EB 指示灯灭灯，蜂鸣器停止响，速度表上的目标速度将不为零。如果选择的是 ATO 驾驶模式，列车将自动发车，无须再次按压"启动控制"按钮。

4）紧急制动的触发。在任何安全问题发生时，紧急制动是保护列车安全的方法。紧急制动将在下述情况下被触发。

①在 ATP/ATO/RMO 模式下，列车速度超过速度限制。

②在 ATP/ATO 模式下，列车越过强制停车点；如果限制点是道岔时，列车将触发紧急制动且列车会失去定位。

③在 ATP/ATO 模式下，列车退行超过容忍距离（列车退行距离最大容忍范围为 1 m，此时 ATP 还能保持为被定位）。

④在 ATP/ATO 模式下，当列车在预定紧急区域内（相对于运行方向：站台前 40 m 及站台后 200 m）时，站台紧急按钮（PEP）被按压或屏蔽门未关，列车将会紧急制动，此时列车若不在站台停车点处停准停稳，则 RMO 无法被建立；若列车在停车点停准停稳，则 RMO 可建立。

⑤在 ATP/ATO 模式下，ATP 子系统触发紧急制动并且列车失去定位；若 ATO 子系统发生故障仅触发紧急制动，ATO 功能失效。

⑥在 ATP/ATO 模式下，如果列车连续丢失两个位置信息（即未读取到连续两个 RB 信标的信息）将紧急制动；但是初始化后的第一个 RB 的位置信息未读取，也将紧急制动，同时列车失去定位。

⑦在 ATP/ATO/RMO 模式下，司机按压紧急制动按钮。

⑧在 ATP/ATO 模式下通过道岔区段，如果列车在 45 s 内走过的距离不超过 65 m

并且列车仍然在移动（车速不为零），那么列车将紧急制动。

⑨轨旁 ATC 系统故障，会引发紧急制动。

⑩由于列车轮子打滑，超过 ATC 系统容忍度，会产生紧急制动并失去定位。

⑪制动距离内，突然出现限制点（例如轨道电路故障），会引发紧急制动。

5）动态初始化。动态初始化与静态初始化不同，列车可以在移动中完成定位，当列车经过动态初始化信标时同样会接收包括列车需要监听的连续通信信道的代码及动态初始化信标所在位置的完整区段号，车载 ATC 系统驱动信息接收装置获取前方轨道占有状况及各种描述信息，列车完成定位，流程如图 3—78 所示。同时，编码里程计完成轮径校准，之后，系统将根据编码里程计的数据计算出列车从这个信标到下一个信标的距离。

6）重定位。重定位的目的在于校正编码里程计因车轮空转打滑所引起的计算错误。列车重定位必须借助编码里程计的数据，该数据提供了上一次初始化或者重定位到现在所经过的距离。当列车驶过重定位信标时，重定位信标会给予列车用于定位的固定信息（坐标信息），然后列车将接收到的信息与编码里程计计算出来的坐标信息进行比对，并得到误差值，如果误差在允许范围内列车将调整坐标，重设车头坐标；如果超出允许范围，列车将失去定位。整个过程称为列车的重定位，流程如图 3—79 所示。重定位通俗来说就是对列车位置的不断检查与纠正，是车载 ATC 系统保证行车安全的重要手段。

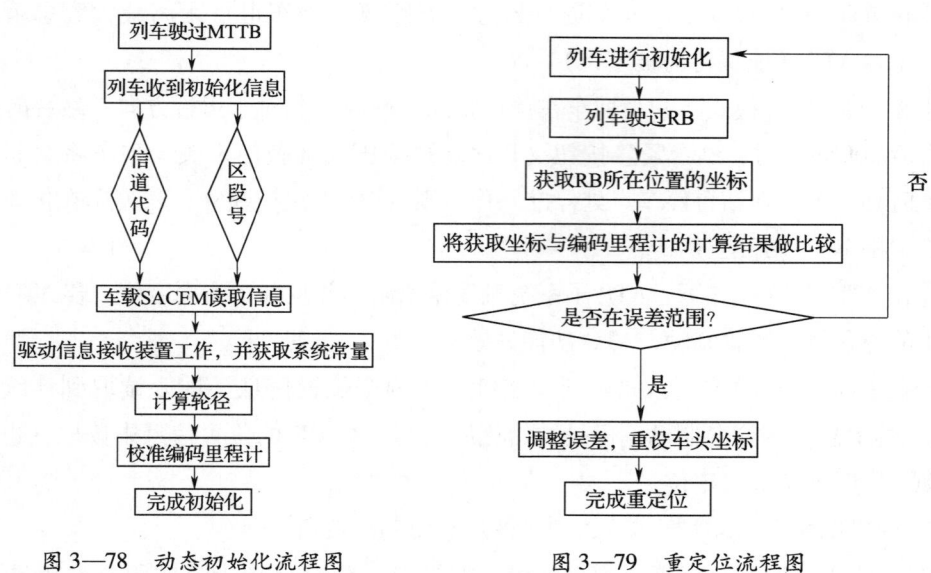

图 3—78 动态初始化流程图　　图 3—79 重定位流程图

理论知识复习题

一、判断题（将判断结果填入括号中。正确的填"√"，错误的填"×"）

1. GRS 的 TWC 执行车—地通信功能。（　　）
2. GRS ATO 模块的列车停站继电器励磁吸起后，将取消发送速度码而改发开门码。（　　）
3. GRS 长环线的功能是在道岔区段的渡线上发送速度命令。（　　）
4. 标志器线圈的共振频率由与它相连的调谐器决定。（　　）
5. AF-904 系统采用感应信号系统产生机车信号。（　　）
6. AF-904 轨道电路通过串行通信从 MicroLok II 接收数据。（　　）
7. 非安全控制器逻辑是 MicroLok II 系统功能之一。（　　）
8. USSI ATC 系统在本站 NVLE 和邻站 NVLE 之间通信连接是非安全串行连接。（　　）
9. USSI TWC 系统支持轨旁应用非安全、双方向轨旁通信。（　　）
10. 设置防护进路后，当列车占用站台前方的触发轨道后，把站台后方第一组道岔带动到规定位置并锁闭。（　　）
11. DTC921 轨道电路的功能是列车检测，发送 SECEM 报文通道。（　　）
12. 一个调谐单元由两个对称部分组成，分别用于前一个轨道电路的接收和后一个轨道电路的发送。（　　）
13. 在 GRS 车载设备中，ATP CPU 板主要起超速防护和零速检测作用。（　　）
14. 在 GRS 车载设备中，ATP CPU 板有 3 个主要功能：系统处理器、安全码率译码器和牵引效果计算。（　　）
15. 在 GRS 车载设备中，对位天线的底面距钢轨的顶面距离规定为（175±12.5）mm。（　　）
16. 列车收到机车信号以后，司机可以按压列车出发按钮，在 ATO 模式下运行。（　　）
17. 在 US&S 车载设备中，英文缩写 ADU 在车载中代表的含义是制动保证单元。（　　）
18. 在 US&S 车载设备中，英文缩写 ND 在车载中代表的含义是无牵引。（　　）

19. 在车库静调时，拆动检查车底设备必须有相关人员进行瞭望防护才能施工。
（　　）

20. 在车库内施工需要明火作业时，必须向相关部门申请得到批准后方可进行明火作业。
（　　）

21. 在 Alstom 列车日检中，缓解 EB 前需先将司机控制手柄移至惰行位置。
（　　）

二、单项选择题（选择一个正确的答案，将相应的字母填入题内的括号中）

1. 来自轨旁 GRS ATP 模块的列车检测信号和机车信号经过（　　）传送至相应的 4 ft 环线。
   A. BOND　　　B. AC 耦合单元　　　C. 调谐单元　　　D. 终端接收器

2. GRS 车载设备发送至轨旁设备的 TWC 信息的载频是（　　）。
   A. 2 250 Hz　　B. 9 650 Hz　　C. 21 945 Hz　　D. 3 690 Hz

3. GRS ATP 模块接收板 CR7 指示灯是（　　）。
   A. 工作电源指示灯　　　　　　　B. 列车检测信号发送指示灯
   C. 机车信号发送指示灯　　　　　D. 继电器驱动指示灯

4. GRS 音频轨道电路机车信号的载频是（　　）。
   A. 2 230 Hz　　B. 2 240 Hz　　C. 2 250 Hz　　D. 2 260 Hz

5. GRS 音频轨道电路列车检测信号的调制频率是（　　）。
   A. 1 Hz、2 Hz　　B. 2 Hz、3 Hz　　C. 3 Hz、4 Hz　　D. 4 Hz、5 Hz

6. GRS ATO 模块 6 车继电器或 8 车继电器励磁吸起的作用是（　　）。
   A. 控制车门打开　　　　　　B. 控制车门关闭
   C. 控制屏蔽门打开　　　　　D. 控制屏蔽门关闭

7. 50 Hz 相敏轨道电路在 GRS 音频联锁区内的作用是（　　）。
   A. 在联锁区内发送速度命令
   B. 在联锁区内发送列车检测信号和速度命令
   C. 在道岔区段的渡线上发送速度命令
   D. 在道岔区段的渡线上发送和接收列车检测信号

8. AF–904 轨道电路是一种（　　）音频轨道电路。
   A. 模拟有绝缘　　　　　　B. 模拟无绝缘
   C. 数字有绝缘　　　　　　D. 数字无绝缘

9. AF–904 轨道电路是轨旁设备和（　　）之间主要的通信接口。

A. 车载设备   B. ATS 设备   C. 控制台设备   D. 联锁设备

10. AF-904 系统构成简单且可靠性高的（ ）接口。

     A. 轨道—中央   B. 轨道—列车

     C. 轨道—联锁   D. 轨道—道岔

11. 在轨道电路一端传送，并在另一端接收的 FM 载波信号，不仅用来传送机车信号而且用于（ ）。

     A. 列车对位   B. 列车通信   C. 列车检测   D. 列车启动

12. MicroLok II 系统可以配置一个非安全编码系统通信，负责处理联锁与（ ）通信。

     A. 本站控制室   B. 邻站控制室

     C. 中央控制室   D. 集中站控制室

13. 不是 NVLE 子系统执行的接口功能是（ ）。

     A. 为 ATO 功能提供程序

     B. 为 DTS 和 OCC 交换数据提供一个通信接口

     C. 为 TWC 单元提供通信

     D. 为 ATP 功能提供程序

14. NVLE 子系统执行所有本地（ ）功能和非安全逻辑的完成。

     A. ATS   B. ATP   C. ATO   D. TWC

15. USSI TWC 环线正常工作时，（ ）键控频率是 RX/TX 板在车辆、轨旁之间的通信频率。

     A. 12.5 kHz   B. 16.5 kHz   C. 64 kHz   D. 80 kHz

16. NVLE 之间和 MicroLoks 之间的信息传输通过一个（ ），它能检测主要线路上的传输故障，并切换到备用线路。

     A. TWC 控制器单元   B. 光纤环网

     C. 光端机   D. Hadax 转换器

17. SACEM 从（ ）接收"联锁状态"。

     A. VPI2   B. ATS   C. SACEM   D. LATS

18. TWC 系统中 CCO 是用于（ ）。

     A. 向钢轨发送信息   B. 接收来自列车的信息

     C. 发送轨道占用码   D. 电源模块

19. 处理单元的作用是（ ）。

A. 发送给列车的 SECEM 报文信息

B. 谐振于本段轨道电路工作频率

C. 发送、接收及处理信号

D. 发送信号耦合到钢轨上

20. 调谐单元的作用是（　　）。

A. 发送给列车的 SECEM 报文信息

B. 谐振于本段轨道电路工作频率

C. 发送、接收及处理信号

D. 发送信号耦合到钢轨上

21. S – Bond 的作用（　　）。

A. 发送给列车的 SECEM 报文信息

B. 谐振于本段轨道电路工作频率

C. 发送、接收及处理信号

D. 和调谐单元共同把发送信号耦合到钢轨上

22. DTC921 轨道电路空闲时调试速率是（　　）。

A. 300 bit/s　　B. 400 bit/s　　C. 500 bit/s　　D. 600 bit/s

23. 将中央发出的控制命令转换成驱动信号是（　　）的任务之一。

A. 中央 ATS　　B. 轨旁 ATS　　C. 车载 ATS　　D. TWC

24. 目的地触发进路与（　　）。

A. 目的地有关　　　　　　　　B. 目的地无关

C. 时刻表有关　　　　　　　　D. 车站控制有关

25. UNIX 系统文件可分为三类：普通文件、特殊文件和（　　）。

A. 系统文件　　B. 数据文件　　C. 目录文件　　D. 临时文件

26. 在 GRS 车载设备中，列车收到的速度命令是以（　　）为载频的调幅波形式出现的。

A. 21 945 Hz　　B. 77 Hz　　C. 50 Hz　　D. 2 250 Hz

27. 在 GRS 车载设备中，列车收到 350 m 标志线圈启动程序停车，该对标志线圈的频率是（　　）。

A. 120/150 kHz　　　　　　　　B. 100/130 kHz

C. 110/140 kHz　　　　　　　　D. 130/160 kHz

28. 在 GRS 车载设备中，车辆轮径值的补偿范围为（　　）。

A. 760～840 mm B. 770～840 mm
C. 780～840 mm D. 790～840 mm

29. 在 GRS 车载设备中，ATO 模式下（　　）将来自 ATO/ATS 子系统的牵引/制动命令转换成控制信号。

A. ATO CPU 板 B. 车地通信调制解调板
C. P-line 板 D. MARKER 电源板

30. 在 GRS 车载设备中，ATO CPU 板的功能包括列车停稳、（　　）、TWC 通信处理和 FIMS 通信等非安全控制。

A. 牵引效果计算 B. 减速率计算
C. 加速度计算 D. 安全电源控制

31. 在 US&S 车载设备中，ATO 的功能是（　　）。

A. 安全超速检测 B. 列车/地面通信要求
C. ADU 接口要求 D. 安全的车门控制

32. 在 US&S 车载设备中，不属于 ATO 功能的是（　　）。

A. 速度调节 B. 事件记录
C. 安全制动 D. 列车识别和跳停

33. 每一个 ATP 单元并行连接 ATP 接收线圈、状态显示单元和（　　）设备。

A. TWC 天线　　B. ADU 辅助盘　　C. 速度传感器　　D. 连接盒

34. 列车 OMAP 数据中可通过（　　）参数得知司机模式手柄放置在 ATP 或 ATO 模式上。

A. Monitoring Mode B. Cabin Status
C. Driving Mode D. Available Mode

35. ATC 系统的零速三取二分别取的是车辆零速、车头编码里程计及（　　）数据。

A. 车头 CBK 板 B. 车尾编码里程计
C. 车地通信 D. MTIB

理论知识复习题答案

一、判断题

1. √　2. √　3. √　4. √　5. √　6. √　7. √　8. √　9. √

10. √　11. √　12. √　13. √　14. ×　15. √　16. ×　17. ×　18. √
19. √　20. √　21. ×

二、单项选择题

1. C　2. C　3. D　4. C　5. B　6. C　7. D　8. D　9. A
10. B　11. C　12. C　13. D　14. C　15. C　16. D　17. A　18. B
19. C　20. B　21. D　22. B　23. B　24. A　25. C　26. D　27. C
28. B　29. C　30. A　31. B　32. C　33. C　34. C　35. B

第 4 章

信号电源及电缆

学习目标

- ☑ 了解不间断电源 UPS 的概念。
- ☑ 了解地铁电缆线路的种类。
- ☑ 掌握信号电源屏的要求。
- ☑ 掌握地铁防雷设备的技术要求。

4.1 信号电源概述

4.1.1 信号电源屏的要求

知识要求

1. 电源屏技术参数

（1）输入电源。电源屏应有两路独立的交流电源供电，两路输入电源允许偏差范围：单相电压 AC 176～253 V，三相电压 AC 304～437 V，频率 49.5～50.5 Hz，三相电压不平衡度≤5%，电压波形失真度≤5%。

（2）输入电压供电方式及转换方式

1）供电方式

① 一主一备供电方式。可靠性较高的输入电源为主电源，另一路为备用电源。正常时由主电源向电源屏供电，当主电源断电时，备用电源自动投入运行。两路电源应能自动或手动相互转换。

② 两路同时供电方式。两路电源同时向电源屏供电，当任一路电源断电时，另一路自动承担全部负荷供电。

2）转换时间。无论何种供电方式，两路电源的切换时间（包括自动或手动）不大于 0.15 s。

（3）电气参数

1）额定工作电压。电源屏常用的额定工作电压优选值为：

输入回路 AC 220 V，380 V；

输出回路 AC 380 V，220 V，110 V，24 V；

DC 24 V，48 V，220 V。

2）额定功率。电源屏常用的额定功率优选值为 2.5 kV·A，5 kV·A，10 kV·A，15 kV·A，20 kV·A，25 kV·A，30 kV·A，50 kV·A，60 kV·A。

3）工作制。正常情况下，继电器电源、信号机点灯电源、轨道电路电源、道岔表示电源、稳定备用电源、不稳定备用电源为不间断工作制；电动转辙机电源为短时工作制；闪光电源为周期工作制。

（4）悬浮供电及隔离供电。电源屏的交流、直流输出电源应采用对地绝缘的悬浮供电，输出电源端子对地绝缘电阻应符合要求。电源屏采用隔离供电的方式，并应根据系统要求合理分束，分别提供各路供电电源。

（5）三相电源供电及相序检测。电源屏供给各种负荷的容量应合理分配，当输入为三相交流电源时，各相的负荷应力求平衡。当车站装有三相交流转辙机时，电源屏的三相交流输出电源供电，必须设置相序检测装置，在三相断相或错相时发出报警信号。

（6）不间断供电。对于有不间断供电要求的场合，应设置不间断供电电源，一般要求为半小时。

（7）过流、短路保护

1）电源屏的各供电回路电源、各功能模块必须具有过流及短路保护功能。

2）电源屏的雷电防护应满足以下要求：

①电源屏防雷元件的选择应考虑将雷电感应过电压限制到电源屏的冲击耐压水平以下。

②防雷元器件不应影响被防护电源屏的正常工作。

③采用多级防护时，多级防护元件要合理配置。

④被保护电源屏与防护元件间的连线应尽量短，防护电路的配线与其他配线应分开，其他设备不应借用防雷元件的端子。

⑤电源屏防雷系统应统筹考虑，雷电防护器件可设在电源屏外。

（8）保护接地

1）电源屏的变压器铁芯、电流互感器的二次回路、电机及其他金属外壳部件应在电气上相互连接，并连接至保护接地端子。

2）电源屏的保护电路可由单独设置的保护导体或可导电的结构件构成，接地端子与各保护接地的接触电阻值应≤0.1 Ω。

3）所有电路元件的金属外壳须用金属螺钉与已经接地的金属构件良好搭接。

4）保护导体应能承受设备的运输、安装时所受的机械应力、在短路故障时所产生的机械应力和热应力，其接地连续性不能破坏。

5）保护接地端子应设置在便于接线之处，不得兼作他用，并且当外壳或任何可拆卸的部件移去时应保持电器与保护接地导体之间的连接，保护接地端子螺钉应不小于M6，保护接地端子不允许连接到三相电源的中性线上。

（9）温升。电源屏的绝缘、元器件、端子、操作手柄的温升不应超过规定的限值。

（10）介电性能

1）绝缘电阻在温度为 15～35℃，相对湿度为 45%～80% 的气候条件下，电源屏输入、输出端子对地的正常绝缘电阻应不小于 25 MΩ。

2）电源屏额定冲击耐受电压应按规定执行。

3）工频耐压试验电压应按规定的要求进行。

（11）噪声。在额定输入电压及额定负载的条件下，电源屏的整机噪声不超过 65 dB。

（12）指示灯、指示仪表、报警

1）指示灯

①电源屏应设置清晰可见的指示灯，包括两路电源有电表示、两路电源中工作电源表示、主屏工作表示和备用屏工作表示（采用主备屏工作方式的电源屏）、各种输出电源正常工作状态指示、输出电源故障指示。

②指示灯应安装在电源屏前面板或模块前面板显著位置。

③指示灯的颜色规定为：白色，输入回路工作、工作状态显示、输出回路工作；红色，输入有电、电源故障。

2）指示仪表。电源屏应设置两路电源输入电压、整机输入电流、各主要回路输出电压电流的指示仪表。仪表应安装在电源屏前面板显著位置。仪表精度不低于 2.5 级。

3）报警。电源屏应设灯光、音响报警。对于两路输入电压转换报警是向控制台提供主副电源工作状态。对输出电源故障、三相电源断相、三相电源错序（有相序要求的输出回路）、稳压（调压）装置故障设音响报警。

（13）智能化检测。智能化电源屏应具备：电源屏实时测试数据，故障信息处理、事故追忆、声光报警及紧急呼叫，电源屏输入、输出电压变化的日、月、年曲线，日常报表管理及历史数据保存，监测系统的远程组网及故障诊断，模块工作状态等基本监测功能。

（14）寿命和可靠性。电源屏内的关键部件，如接触器、继电器、断路器、开关等，其机械寿命和电寿命应符合国家标准 GB/T 14048 和相应产品标准的规定，变压器的电寿命应为 15 年。UPS 的 MTBF（平均无故障时间）为 3 000 h，高频开关电压的 MTBF 为 65 000 h。

（15）冗余及维护。电源屏各供电电压必须设有备用，当任一模块回路出现故障或进行维修时，应能转换至备用供电回路，继续保持供电，可采用如下备用方式。

1）1+1 主备方式。每一供电电压均设有一条备用回路。

2）$n+1$ 主备方式。n 个供电回路共用一条备用回路。

电源屏应便于维护，易于在线维修及更换故障部件。

2．大站电源屏的工作原理

大站电源屏由 DZH 大站转换屏、DTY 大站调压屏、主副 DJL 大站交直流屏四个单屏经导线连接而成。

（1）大站转换屏

1）主要用途

①两路三相 380 V 交流电引入，可互相手动和自动切换。

②各种电源均由本屏汇合引出，调压屏、交流屏、直流屏均可实现断电维修。

③调压屏发生故障时，可手动切除调压屏，由交流电网直接供电。

④当使用中的交、直流屏发生故障时，可手动转至备用屏工作；完成对闭塞、检测及其家他用途设备的供电。

2）电路原理。两路交流输入电源分别经 1D 1～3 和 1D 4～6 及零线端子 7D 引入，通过交流接触器 1XLC 和 2XLC 主触头选择，决定某路作为工作电源。接触器采用电气联锁电路，只能有一路电源供电。电路处于一路工作，一路等待状态，当工作电源发生故障或手动按压转换按钮时，电路能从工作电源自动转换成备用电源供电。

两路电源断相转换采用中性点位移电路。正常情况下中性点（三个电容公共点）电位近似为零，整流桥无电流输出，断相继电器落下。当三相中有一相断路时，中性点对零线产生一电压，经整流后使断相继电器 1DXJ 或 2DXJ 吸起，其常闭接点 11～13 断开，切断了工作接触器线圈回路，使接触器落下，自动转换至另一路电源供电，同时点亮红色断相指示灯，并鸣响电铃，给出告警信号。

两路电源供电情况由两只红色指示灯 1XLD、2XLD 指示。两路电源工作情况由两只白色指示灯 1GZD、2GZD 指示，并通过外线送出接触器接点条件给控制台，以利于车务人员随时了解掌握。

屏内采用 24 把隔离开关实现对交、直流屏的主、备屏转换。

QS25、QS26 为闪光电源输出选择开关；

QS8、QS16 为控制台表示灯电源输出选择开关；

QS9、QS17 为道岔表示继电器电源输出选择开关；

QS10、QS11、QS12、QS13、QS18、QS19、QS20、QS21 分别为信号点灯电源 1～信号点灯电源 4 输出选择开关；

QS14、QS22 为计算机监测电源输出选择开关，QS7、QS15 为电码化电源输出选择开关；

QS23、QS5 为继电器电源输出选择开关；

QS24、QS6 为电动转辙机电源输出选择开关。

QS3、QS4 分别为 A、B 交流屏电源输入开关，当开关处于 QS3 合上，QS4 开状态，则 A 交直流屏工作，B 交直流屏备用；反之则 A 交直流屏备用，B 交流屏工作。AJZJ、BJZJ 为转屏继电器与选择开关 2WHK 共同构成故障报警电路。如果 A 交直流屏处于工作，B 交直流屏处于备用状态，则 2WHK 置于 AJ 位置，由于 A 屏工作，QS3 合上，继电器 AJZJ 得电吸起，构通了 A 交直流屏输出电源故障告警条件，并鸣响电铃，给出声响告警信号；同理当 B 交直流屏工作，A 交直流屏备用，2WHK 置于 BJ 位置，B 交直流屏输出电源发生故障亦能给出声光报警信号。无论 2WHK 置于 AJ 或是 BJ 位置，若同时合上 QS3、QS4 隔离开关，A、B 交直流屏同时送电，则电铃鸣响给出报警信号，从而保证了备用电源处于断电备用状态。

若 A 交直流屏工作，B 交直流屏备用，电路故障，给出告警信号，此时将转换开关 2WHK 扳至转屏位置，则灯熄铃停告警信号消失，转屏提示蜂鸣器鸣响，电路处于等待转屏状态，合上 B 交直流屏输入开关 QS4，BJZJ 得电吸起，切断提示回路，使蜂鸣器停响，电路进入转屏状态。逐一按位置对应关系合上 B 交直流屏输出隔离开关、拉下 A 交直流屏输出隔离开关（故障电源应先断后合）。使输出逐一由 B 屏代替 A 屏。直至全部完成 B 交直流屏输出隔离开关合上，A 交直流屏输出隔离开关断开，确认无误后拉下 QS3 开关切断 A 屏供电。由于 QS3 断开，继电器 AJZJ 失电落下，再次接通蜂鸣器回路，给出转屏结束提示信号。扳动 2WHK 至 BJ 位置，使告警系统对 B 屏输出电源实施监督，整个转屏过程结束。若错将 2WHK 置于 AJ 位置，将失去告警系统对输出电源的监督，但此时故障信号灯 AJXD 点亮，提示操作发生错误，所以转屏后请注意屏上故障信号灯状态。由 B 交直流屏向 A 交直流屏转屏情况与上雷同，不再重复。

（2）大站调压屏。本屏为大站电源屏组成设备之一，完成对输入三相交流电源的稳压，保证电气集中设备的供电不受电源波动的影响。本设备调压范围宽，稳压精度高,供电可靠。

1)主要用途

①当外电网三相平衡,但偏离额定电压时,可自动及手动调节至额定电压输出,也可以手动调节至偏高或偏低的电压输出。

②当外电网不平衡时,能自动调整三相不平衡电压的有效值接近额定电压。

2)电路原理。大站调压屏主要由调整系统、驱动系统、控制系统和告警、指示系统四大部分组成。

①调整系统。调整系统由三相感应式调压器组成,它是按照驱动系统的要求进行升压或降压动作来完成稳压任务。

三相感应调压器的结构和电磁原理类似于绕线式异步电动机,能量转换关系类似于变压器。它是借助传动机构,使定子、转子产生相对角位移。从而改变定子或转子绕组感应电势的相位,并借助自耦式线路连接,来达到调节输出电压的目的。

三相感应调压器负载运行的工作状态与变压器负载运行基本相同,不同点是:即使负载功率因数和负载电流的大小不变,输出电压、输入电流和公共绕组电流的大小和相位也都随转子角位移而变化。

三相感应调压器的转动机构分为自动和手动两种。在调压器上方明显地装有指示升、降电压转动方向的指示牌。手动轮可以做电压细调,当伺服电机发生故障时,仍可用手动轮调节电压。调压器上装有高、低位行程开关,用来限制调压器输出电压的调节范围,当转子旋转超出规定的机械角度限度时,限位开关动作并自动切断电动机工作电源。

②驱动系统。驱动系统由驱动电机及变速箱构成,作用是驱动调整部分按取样的信号进行电压调整。

SYDJ、JYDJ 为控制伺服电机正反向调压运转的继电器,在正常情况下,两继电器均处于落下状态,电机不动作。当外电网电压向上波动超过上限电压时,JYJ 动作,JYDJ 得电吸起接通 JD 电动机电源,使电动机带动调压器向降压方向转动。当外电网电压向下波动超过下限电压时,SYJ 动作 SYDJ 得电吸起,接通电动机电源,使电动机带动调压器向升压方向转动。JYDJ、SYDJ 中任何一个得电吸起,均接通 ZDJ 继电器线圈电路,ZDJ 继电器吸起,同时通过 W1 对电容器 C4 充电,此时由于 JYDJ 或 SYDJ 常闭接点 11-13 的断开,制动电路并不起作用。当调压器调整电压到规定值时,JYDJ 或 SYDJ 失电,常闭接点 11~13 接通,制动电路作用,直流电源经 ZDJ、JYDJ、SYDJ 接点及电阻 R4 输入电机,在电机中形成一个固定

（静止）的磁场，而失电电机的转子由于惯性仍按原方向转动，转子中因此产生感应电流。在固定磁场作用下，产生一个与电动机惯性转动方向相反的力矩，从而使电机得到迅速制动。由于 JYDJ 或 SYDJ 的落下，其常开接点 61 和 62 断开，切断了 ZDJ 继电器供电回路，但因为电容器 C4 的作用，ZDJ 并不立即失电落下，而是经一定延时待电机基本制动后方落下，ZDJ 落下后，制动电路立即中断。

C5、R2 组成了 ZDJ 的接点 11—12 的消火花电路，C6、R5 为防止过电压击穿整流桥而设置的浪涌电压吸收电路。

③控制系统。控制系统由以 2WHK 为主的选择电路、以 B2 为主的取样电路、以 WY 为主的直流稳压电路、以 D9 为主的基准电路、以 Ic 为主的比较器电路及以 JD、JG 为主的继电器执行电路共同组成。

转换开关 2WHK 构成了调压屏调压控制方法选择电路，当开关置于手动位置时，电路置于电动工作状态，通过开关 1—2 接点的闭合，交流电源被送至手控按钮开关，此时可根据实际需要分别控制升、降按钮，调压器将根据选择做升、降调压。当开关置于中间位置（0 位），控制电路被切断，此时唯有采用手轮才能调节调压器输出电压。当开关置于自动位置时，一方面由 3—4 接通交流电源对 JD—JG 的供电，另一方面通过 5—6 向控制板提供了工作和取样电源。通常，转换开关置于自动工作状态，只有当控制板故障或有特殊需求时才置于手动或 0 位。

取样电路在直接接至三相感应调压器的三相输出回路上，单相变压器 B2 以 Y_0—Y 的接法构成三相变压器组，获得相电压为 12 V 的三相交流电，经 D1～D6 组成三相桥式整流电路整流成直流，其电压为 28 V。此电源一方面经 WY 稳压作为整个控制板的工作电流，另一方面通过 R5、D8 送至由 R7、W2、R8 或 R9、W3、R10 组成的取样分压回路。经分压获得输出取样信号送比较器 Ic 与基准电压源进行比较。由于本电路稳压精度较高，所以采用了动态电阻较小而静态电阻较大的稳压二极管 D8 参与取样电压分压，相应提高取样分压电压中的变化分量。

WY 为输出电压 12 V 的晶体管三端集成稳压器 SW7812，该电路为固定电压单片集成稳压器，经 D1～D6 整流输出的直流电通过 SW7812 稳压，C7 滤波得到稳定性较好的 12 V 直流稳压源，作为整个控制系统的工作电源。

R6、D9 组成比较器基准电源，由于本电路的控制电压稳定性，与基准电压稳定度直接有关，所以采用温度补偿型稳压二极管 2DW7B，以提高基准源的稳定度。

电压比较器是控制器心脏，本电路采用 CMOS 5G14575 双运放、双比较器集成电路构成迟滞电压比较器电路。其中，A1、C1 构成下行迟滞电压比较器，用于检测电压偏低信号，控制调整系统做升压调整。A2、C2构成上行迟滞电压比较器，用于检测电压偏高信号，控制调整系统做降压调整。

（3）大站交直流屏。本屏为大站电源屏组成设备之一。完成对交直流供电的隔离、变压。一套大站电源屏中设有本设备两台，一台正常工作，另一台停机备用。

1）主要用途。专为电气集中信号设备——信号点灯、轨道电路、道岔表示和控制台表示灯供电之用。

2）电路原理

①信号点灯电源由XHB变压器二次侧的四个绕组分束引出。各束互相隔，分设1XHJ~4XHJ四个继电器对输出电压进行监督。

②计算机监测电源、轨道电路电源由WJB变压器引出送电。WJJ继电器为计算机监测电源输出监督继电器，它的作用是完成对计算机监测电源供电监督。

③道岔表示继电器电源由3B变压器引出，DCJ继电器对输出电压进行监督。

④电码化电源由3B变压器引出，DMJ继电器对输出电压进行监督。

⑤控制台表示灯电源由3B变压器引出，闪光电源由表示灯电源引出经闪光电路后输出。

⑥监督与指示电路、设备各路输出电源均设有安全型继电器监督。工作正常时它们可靠励磁。当某电源发生故障时，其相应的监督继电器落下，指示该电源工作的指示灯熄灭，同时向外送出告警接点条件。联机后，该条件将接通转换屏中的报警电路，发出声响信号。

⑦继电器电源由1B三相变压器隔离、变压后，经由三相桥式整流输出，改变1B一次侧绕组抽头，可以调整直流输出电压。

⑧电动转辙机电源由2B三相变压器隔离、变压后，经由三相桥式整流器整流输出，改变2B二次侧绕组抽头，可以调整直流输出电压。

⑨整流器输出端均加有RC波涌吸收电路，以防止整流元件过电压击穿。

⑩继电器JDJ、DZJ为输出电压监督继电器，分别监视继电器电源和电动转辙机电源的工作状态。

3. 智能型信号电源屏技术参数

智能型信号电源屏，是指运用计算机技术，具有对铁路信号电源设备系统的运行状态、运行故障、参数进行实时监测、显示、记录、存储、故障报警和管路功能的电源屏，如图4—1所示。

图 4—1　智能型信号电源屏

智能型信号电源屏的最主要技术特征是设有监测模块，具有自动监测功能，实现电源系统的实时状态和故障监测及远程监控和管理。

智能型信号电源屏实现模块化，即将各种交、直流电源按用途设计成不同的模块，用户根据需要选择模块，构成供电系统。

智能型信号电源屏广泛采用电力电子技术（指由电子电路高频调制对电能进行变换的技术），包括无触点切换技术、逆变技术、锁相技术、软开关技术、功率因数补偿技术、并联均流冗余技术、安全防范技术等，以保证供电系统的可靠性。

智能型信号电源屏稳压方式可分为不间断供电、分散稳压、集中与分散稳压相结合三种类型。

（1）不间断供电方式。两路电源经转换、整理、滤波后为直流母线电源，然后通过 DC/AC 转换和 DC/AC 开关电源分别向各交流、直流负载供电。直流母线电源同时给蓄电池充电，两路输入电源转换或停电时由蓄电池供电。对于计算机联锁的计算机电源采用 UPS。其稳压在逆变器、开关电源、UPS 中实现。该方式因有蓄电池，可基本实现输出电源的不间断供电，但造价高，并需经常维护。

（2）分散稳压方式。两路电源经转换后对各模块供电，交流电源模块采用参数稳压器稳压，直流电压模块采用开关电源稳压，即稳压分散于各模块之中。该方式的部分分散稳压提高了系统的可靠性，但参数稳压器功率因数低，空载时温升高，对于三相供电系统易发生共振，而且输出电压不易根据实际需要调整。

（3）集中与分散稳压相结合的方式。两路电压经转换后对各模块供电，交流部分采用无触点补偿式稳压器稳压，再对各交流模块供电，直流电压模块采用由开关电源供电。该方式交流部分集中稳压，效率高，功率因数低于1；输出交流回路可根据实际需要调整，但对交流稳压器的可靠性有较高要求。

4. PDZ智能型综合电源屏的原理

北京鼎汉技术股份有限公司铁路信号智能电源屏集综合化、高频化、模块化、智能化、网络化、自然冷却等高技术于一体，致力于为铁路客户提供高可靠、高稳定的信号电源系统。

按系统为不同负载提供电源，系统分为站内屏、区间屏、提速屏、驼峰屏、25周屏等。站内屏又分为两大类：为计算机联锁设备供电的PZWJ系列和为电气集中设备供电的PZDQ系列。电源屏的容量根据站场的实际需求进行配置，最终组成一系列型号智能电源屏。

整个电源系统分为主回路、防雷、智能监测三大功能板块。主回路又分为系统输入智能切换系统、模块及其配电、输出配电三部分；防雷系统分为系统输入防雷和输出防雷两部分，输入防雷分C级和D级两部分，输出防雷由防雷保险熔芯开关、防雷板组成。

智能监控分为系统监控、模块监控两大块，最后通过监控单元进行文字显示。再结合模块面板指示灯和直流屏上的系统有电和故障告警灯及故障蜂鸣器，组成电源屏全套的声光报警和数字监控系统。

下面结合原理图，对智能电源屏各部分分别加以说明和介绍。

（1）主回路部分

1）智能切换系统。鼎汉PZ系列智能电源屏采用"H"形切换系统，外电网Ⅰ路、Ⅱ路经过电源屏切换控制系统后到系统内部仍为两路，即Ⅰ路、Ⅱ路互为主备，均挂有负载。切换控制系统通过控制接在主回路上的4台交流接触器（KM）的励磁线圈来控制接触器动作，以实现"H"形桥式切换。对于三相电输入电系统，切换系统分别切换两路的三相火线，两路零线并联后直接接入系统内部；而单相系统则零、火线同时经过切换，再接入系统内部。

2）模块及其配电。模块输入直接引自内部Ⅰ路、内部Ⅱ路总线（注：经过交流接触器之后的总线称为内部Ⅰ路和内部Ⅱ路），经模块输入空开QF5和QF8后给到模块背板（B1J5T1OX1）。模块背板通过DL37连接器与模块相连，模块与模块背板通过DL37连接器相连，模块背板端为DL37连接器的母头（Z1、Z2），模块后部为DL37连接器的公头（Z1、Z2）。模块获得220 V工作电压后，将输出电源经过输出配电，再经过液压空气开关，最后引到输出万可端子。

3）输出配电。50 Hz 交流电源经模块稳压输出后还要经过 220 V 隔离变压器，然后在经输出液压空开给到万可端子。每台稳压模块容量为 6.5 A，当两台稳压模块输出同相位时，模块后端可以连接 110 V 隔离变压器，再将两台 110 V 隔离变压器输出端串联，从而实现更大容量电源（220 V/13 A）。

（2）防雷系统。防雷系统由输入防雷和输出防雷两部分组成，其中包括两级输入防雷和一级输出防雷。

1）输入防雷。C 级防雷的位置在系统输入断路器之后，交流接触器之前。当 C 级防雷故障时会在监控单元中告警。FA1 和 FA2 为 C 级防雷，QF1 和 QF4 为 C 级防雷的输入开关。D 级防雷位置在交流接触器之后，模块之前。D 级防雷正常工作时绿色指示灯发光显示，故障时绿色指示灯灭灯显示。

2）输出级防雷。输出级防雷可以承受 8/20 μs 电流冲击 5 kA，10 次。其位置在隔离变压器之后，系统输出空开之前。

（3）监控系统。系统内部的监控由模块监控、配电监控和监控单元（PSM—C）三部分组成。模块监控和配电监控是最底层监控，模块监控和配电监控通过 RS‑485 接口与监控单元通信。监控单元对配电监控和各个电源模块的 CUP 板进行巡检，模块监控和配电监控将监控数据上传到监控单元。

1）监控单元（PSM‑C）与模块监控（CUP 板）。监控单元具有实时显示、系统设置、通信三大功能。液晶显示屏完成实时显示功能；键盘完成系统设置功能；监控模块通过串口 4 和串口 6 通信（见图 4—2），获取配电监控数据和模块监控数据。

模块监控是通过每个模块内部的 CUP 板实现的，不同类型的电源模块都使用同一种模块监控 CUP 板。模块监控 CUP 板通过拨码开关地址区分模块的类型。模块监控 CUP 板的功能有：采集电源模块的输出电压、电流值；采集电源模块的工作状态，包括保护、故障、工作/备用。模块监控 CUP 板将监测数据通过 RS‑485 接口上传给监控单元的串口 6。

2）配电监控。配电监控对整个系统的配电状态进行监测，完成输入、输出配电的数据采集、声光报警、通信等功能。

①数据采集功能。配电监控采集量包括模拟量、开关量和报警量。模拟量包括输入的电流、电压值，开关量包括 4 路输入交流接触器状态，报警量包括 C 级防雷器状态、交流输入空开跳、各路输出空开跳和交流输入停电等。

②报警功能。当报警量出现时控制故障灯亮，蜂鸣器进行相应的声光故障告警。

③通信功能。当接收到监控模块发来的命令，及时将监测到的各路模拟量、开关量及报警量通过 RS‑485 通信给监控单元的串口 4。

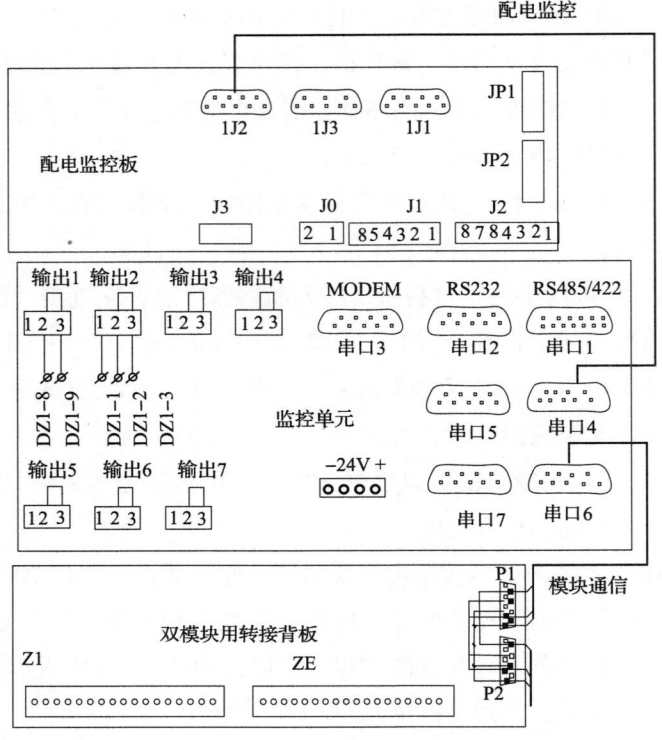

图4—2 监控系统

系统输入相电压监测过程是：交流电压采样板（见图4—3）采样后通过J4口给到配电监控转接板AJ2口（见图4—4）。系统输入相电流监测过程是：电流互感器（TA1至TA6）

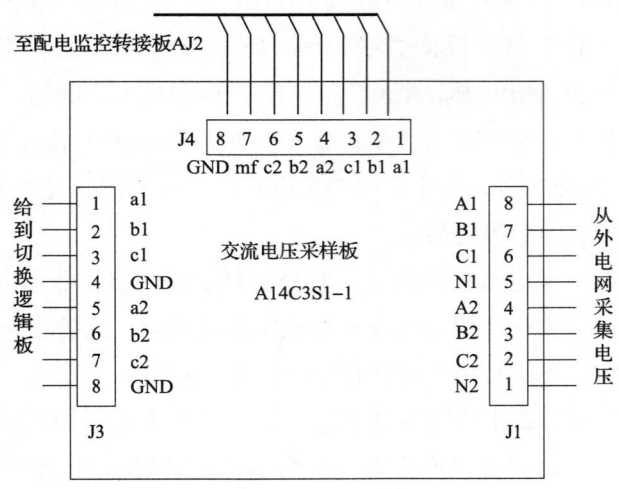

图4—3 相电压采样

采集到相电压值后传送给交流电流采样板（见图 4—5 中的 DB7 板），该板通过 J7 口送到配电监控转接板 AJ1 口（见图 4—4）。

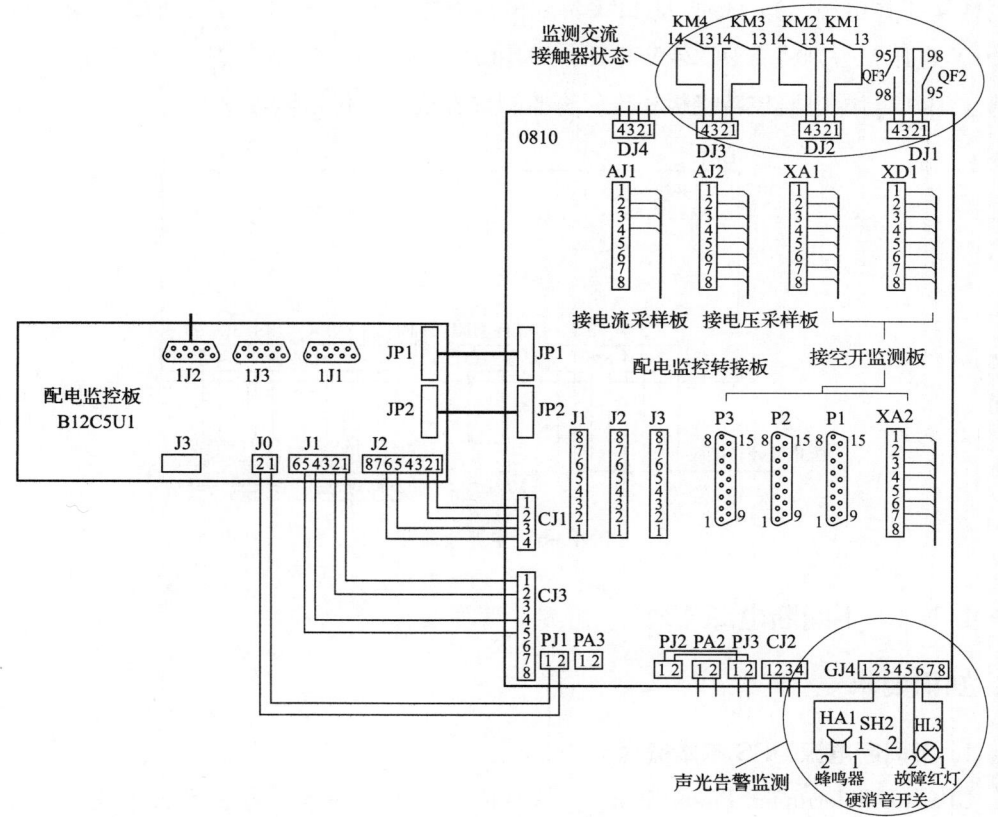

图 4—4 模块通信

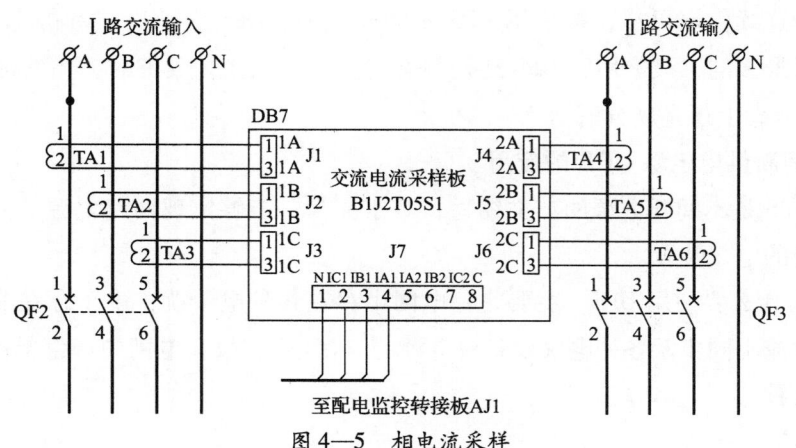

图 4—5 相电流采样

各路输出电源断的告警是通过空开检测板实现的（见图4—6）。空开检测板J3和J4口为电压采集口，每口检测3路，每块最多检测6路电源输出。J2口为空开检测板DC 24 V工作电源。当J3或J4口采集到电源有输出时，J1口上1至6针将对8针有DC 0 V电压，否则将有DC 24 V电压。J3和J4上方的1S至6S与J1口上方的1至6相对应。J1口与配电监控转接板相连，将监测数据最终上传给监控单元。

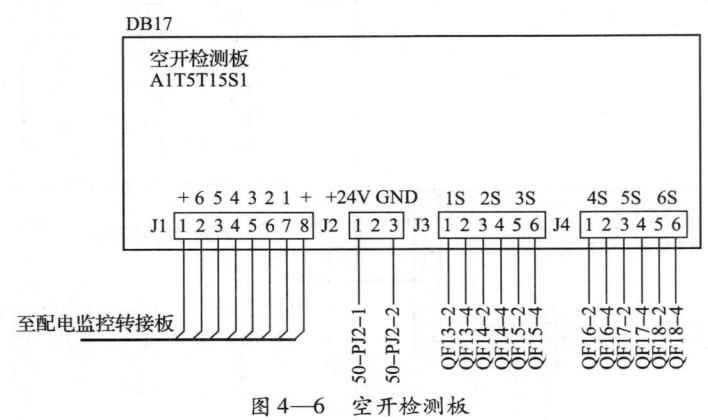

图4—6 空开检测板

4.1.2 不间断电源UPS

知识要求

1. 不间断电源UPS基本概念

UPS（Uninterrupted Power Supply）主要应用在通信事业、办公室自动化、计算机网络系统的保护及地铁通信等高科技事业中，为确保数据库管理软件和图像处理的安全、准确和连续稳定可靠，都采用UPS不间断电源。UPS有动态式和静态式的区分，就目前用得最多的，最常用的UPS还是静态式UPS，现在一般讲的UPS也是指静态式UPS，但在概念上还是应分清楚。

2. 不间断供电电源UPS的应用

（1）UPS是不间断电源的英文缩写，其定义为，能够实现两路电源之间，无间断地相互转换的电气装置。

（2）为什么要使用UPS。主要是：电网中存在各种电干扰，由于存在非线性负载使电压与电流不同步及各种电气设备对电源的"污染"，故在电网中产生干扰，其电干扰有以下几种。

1）噪声。

2）电压变化（浪涌）。

3）频率变化。

4）间断≤300 ms（正弦波不连续）。

5）停电＞300 ms（长期停电）。

6）谐波。

要改变以上电干扰可采用隔离变压器，但在大型设备中采用隔离变压器不可取，而 UPS 能消除以上干扰，隔离电网对负载的影响。

(3) UPS 主要作用

1）实现两路电源的无间断切换。

2）电气隔离。

3）电压变换。

4）频率变换，当输入为 50 Hz 频率时，经 UPS 输出后，可产生 60 Hz、40Hz 频率，如果是 50 Hz 输出为稳频。

5）提供一定的后备时间。

(4) UPS 供电方式。UPS 按其供电方式可分为后备式、在线式、在线互交式三种形式。

1）后备式。当电源输入后，仅供电池充电，逆变器不工作的，由市电通过另一路旁路开关直接向负载提供电源，当输入电源中断时，蓄电池才会对逆变器供电，并由逆变器对负载提供交流电源，切换间断时间＜5 ms。即 UPS 电源的逆变器总是处于对负载提供后备供电状态。

2）在线式。当电源输入后，经过整流后一路向蓄电池充电，当电池充足后，进行浮充电。整流后另一路向逆变器供电，并由逆变器输出交流电源向负载供电。当输入电源中断后，蓄电池工作。逆变器仍有交流电源输出，因是同一路输入，故是无间断的。只有当蓄电池放电至一定程度时，逆变器才会自动转换至旁路状态。当市电恢复供电后，UPS 又重新切换到由逆变器对负载供电状态。

对在线式 UPS 电源而言，在正常情况下，是由逆变器向负载提供电源，所以由市电供电电网带来的电干扰，对负载不会产生影响，提高了供电的质量。而后备式 UPS 电源，由于运行效率高，噪声低，价格相对便宜，同样也能实现不间断电源。

(5) UPS 输入输出方式

1）单进单出，就是单相输入单相输出，一般俗称为 11 的机型。

2）三进单出，就是三相输入单相输出，一般俗称为 31 的机型。

3）三进三出，就是三相输入三相输出，一般俗称为 33 的机型。

（6）UPS 的基本工作状态

1）正常运行状态。

2）市电超限，由电池维持供电。

3）市电恢复，整流器自动启动，给逆变器提供直流电压，启动逆变器，并向电池充电。

4）过载或逆变器停机。UPS 有一定过载能力，但不能长过载，一旦过载 UPS 能坚持一段时间后会自动跳到旁路，由自动旁路供电，而且整流器仍旧向电池充电。

5）维修状态。当 UPS 内部出现某些故障时，不中断负载供电，可将 UPS 处于维修旁路，也可称手动旁路 Bypass。

4.2　信号电缆线路和防雷设备

4.2.1　信号电缆线路种类和分布

知识要求

1. 信号电缆种类

信号电缆主要是指铁路专用信号电缆，适用于额定电压交流 500 V 或直流 1 000 V 及以下传输铁路数字信号、音频信号或自动信号装置的控制电路。数字信号电缆具有传输模拟信号（1 MHz）、数字信号（2 Mbit/s）、额定电压交流 750 V 或直流 1 100 V 及以下系统控制信息及电能的传输功能。适用于信号自动闭塞系统、计轴、车站电码化、计算机联锁、计算机监测、调度集中、调度监督、大功率电动转辙机等有关信号设备和控制装置之间传输控制信息、监测信息和电能。

（1）信号电缆主要类型有铁路信号电缆、铁路综合护套信号电缆、铁路铝护套信号电缆、铁路数字信号电缆、铁路内屏蔽数字信号电缆、铁路计轴信号电缆、铁路应答器数据传输电缆。

（2）铁路信号电缆特性。电缆的使用环境温度为 −45 ~ +60℃，敷设的环境温度不低于 −10℃。电缆导体的长期工作温度应不超过 70℃。铝护套电缆具有良好的屏蔽性能，综合护层有一定的屏蔽性能，可用于铁路电气化区段的干线或强电干扰地区。电缆的弯曲半径不小于外径的 15 ~ 20 倍。

(3) 信号电缆规格标准有 4、6、8、9、12、14、16、19、21、24、28、30、33、37、42、44、48、52、56、61，单位为芯。最少 4 芯，最大 61 芯，如图 4—7 所示。

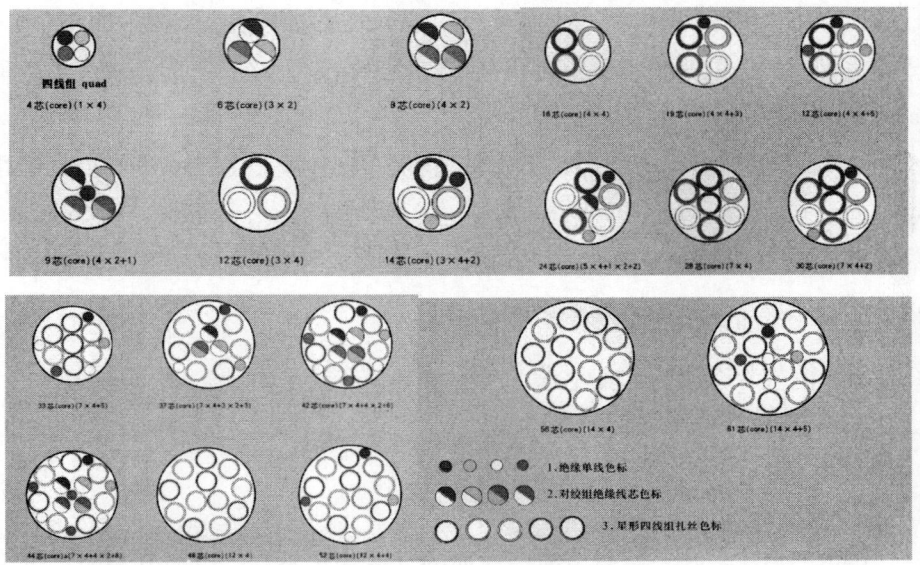

图 4—7 电缆 A 端组序排列图

2. 电缆盒的端子编号

方向盒端子，面对信号楼以"1"点钟位置为 1 号端子，按顺时针方向依次编号。终端电缆盒端子从基础开始，按顺时针方向依次编号。

3. 信号电缆的使用事项

(1) 电缆路径的选择应符合下列要求：

1) 相关两设备间距离较短。

2) 通过股道及障碍物较少。

3) 施工维护方便。

4) 避开线路和其他建筑物的改、扩建处。

5) 避免在道岔的岔尖、辙叉心和钢轨接头处穿越股道。

(2) 普通护套电缆应在环境温度不低于 -5℃时敷设，耐寒护套应在环境温度不低于 -10℃时敷设。若急需在 -20℃ 以下时敷设电缆，普通电缆应预先加热。

(3) 电缆可敷设在任何水平差的沟、槽、管等内。应分清电缆 A、B 端顺向布放；电缆的弯曲半径不得小于电缆外径的 15 倍。

(4) 平行于轨道敷设的直埋电缆距最近钢轨轨底边缘应满足下列要求：

1）在线路外侧，不得小于 2 m；如路基宽度不够时，在保证轨底边缘与电缆间斜面距离不小于 2 m 的情况下，可减至不小于 1.7 m。

2）在线路间，不得小于 1.6 m；若线路间距 4.5 m，此项距离可减至不小于 1.5 m。

（5）直埋电缆与公路平行敷设时，电缆应埋设在距公路面边沿、排水沟边沿不小于 1 m。

（6）电缆沟应平坦，沟内无石块和杂物。电缆埋设深度，距地面不得小于 700 mm；石质地带，不得小于 500 mm。

（7）电缆设电缆槽防护时，应符合设计要求，其埋深为盖顶面距地面 200～300 mm。槽内电缆应排列整齐，互不交叉。

4.2.2 信号防雷的技术要求

知识要求

1. 信号设备防雷范围数据

（1）雷电的产生。在雷雨季节时，地面的气温变化不均，时而升高时而降低。当气温升高时，就会形成一股上升的气流。而在这种上升的气流中，因含有大量的水蒸气，受到高空中高速低温气流的吹袭，会凝结并分裂为一些小水滴和较大的水滴，它们带有不同的电荷。较大的水滴带有正电，并以雨的形式降落到地面，而较小的水滴带有负电，仍飘浮在空中，且有时会被气流携走，于是云就由于电荷的分离，形成带有不同电荷的雷云。雷云层和大地接近时，使地面也感应出相反电荷。当电荷积聚到一定程度，便冲破空气的绝缘，形成云与云之间或云与大地之间的放电，迸发出强烈的光和声，这就是人们常见的雷电。

（2）雷电的分类

1）直击雷。大气中带有电荷的雷云，其对地电压高达几亿伏，当雷云与地面凸出物之间的电场强度达到空气击穿强度时，就发生放电现象，这种放电现象称为直击雷。

2）球形雷。球形雷是一种球形、发红光或极亮白光的火球，运动速度大约为 2 m/s。球形雷能从门、窗、烟囱等通道侵入室内，极其危险。

3）雷电感应。也称感应雷，雷电感应分为静电感应和电磁感应两种。静电感应是雷云接近地面时，在地面凸出物的顶部感应出大量异性电荷，在雷云与其他部位或其他雷云放电后，凸出物顶部电荷失去束缚，并以雷电波的形式高速传播而形成的。电磁感应是发生雷击后，雷电流在周围空间产生迅速的变化强磁场在附近的金属导体、感应导体，感应出很高的电压形成的。

4）雷电冲击波。雷电冲击波是由于雷击而在架空线路上或空中金属管道上产生的冲击电压沿线或管道迅速传播的雷电波。其传播速度为 3×10^8 m/s（在电缆中为 1.5×10^8 m/s）。

（3）雷电的危害。雷云的电势（即雷云与大地间的电位差）大到 1 万～10 万伏，放电时间极短，电流强度很大，估计最大可达到 15 万～20 万安培，所以产生高热和强大的破坏力，可以在一瞬间击毙人畜，拔倒树木和电杆，焚毁房屋和其他建筑物，危害是十分剧烈的。

常见的防雷装置有：避雷针、避雷线、避雷网、避雷带、避雷器等。防雷装置主要由接闪器、引下线和接地体三部分组成。其作用是防止直接雷击或将雷电流引入大地，以保证人身及建（构）筑物的安全。表 4—1 为架空电力线与架空电力线或架空通信线交叉跨越的隔距。

表 4—1　　　　架空电力线与架空电力线或架空通信线交叉跨越的隔距

额定电压（kV）	0.22/0.38	10	110	220
交叉距离（m）	1	2	3	4

2．信号设备接地技术参数

接地方式有工作接地、保护接地、防雷接地、防静电接地、重复接地及事故接地。前五种是由于我们工作需要采取的保安措施；而后者因设备绝缘破坏等原因造成的故障接地，则是我们不希望发生的，因而需要采取必要措施，加以防止。

（1）工作接地（DE）。在正常或故障情况下为了保证电气设备可靠运行，必须把电力系统中某一点接地称为工作接地。如电网中变压器或发电机的中性点直接接地或经电阻、电抗器接地。接地电阻小于 4 Ω。

（2）保护接地（PE）。将在故障情况下可能呈现危险的对地电压的金属外壳或构架等接地装置与大地可靠连接，这种电气连接称为保护接地。接地电阻小于 4 Ω。

（3）防雷接地。将避雷针、避雷线、避雷网、避雷带的避雷装置的接闪器、引下线与接地装置组成防雷接地。接地电阻应为 5～10 Ω。

（4）防静电接地。最简单的办法，只要将一段电线或铁链条放在地上，其接地电阻不大于 1 000 Ω，静电的积累就不会产生。

（5）重复接地（RE）。将零线上的一处或多处通过接地装置与大地再次连接，称为重复接地。

技能要求

测量电源屏输入输出电源

操作准备

电源屏输入输出电源测量工具见表4—2。

表4—2　　　　　　　　电源屏输入输出电源测量工具

序号	名称	规格	单位	数量	备注
1	万用表	Fluke187	块	1	
2	钳形表	CM-02	块	1	PROVA
3	电源屏及图样	PZ系列	套	1	鼎汉

操作步骤

步骤1　对照图样及电源屏，记住电源屏输入输出的端子。

步骤2　观看记录表格（见表4—3），初步记住需要测试几组数据。

表4—3　　　　　　　　　　记录表

一路输入	AB___V	BC___V	CA___V	二路输入	AB___V	BC___V	CA___V	
	A___A	B___A	C___A		A___A	B___A	C___A	
两路输入电源电压差		AA___V			BB___V		CC___V	
输出电源	电压V	电流A	输出电源	电压V	电流A	输出电源	电压V	电流A
1.			9.			17.		
2.			10.			18.		
3.			11.			19.		
4.			12.			20.		
5.			13.			21.		
6.			14.			22.		
7.			15.			23.		
8.			16.			24.		

注：模块有主备的分别测量主备两个模块的输出电压电流。

步骤3 按记录表格顺序,开始测量电源数据,记得测量时交直流及量程要对照图样调对。

步骤4 先按表格测输入电压电流,将万用表调整到交流挡,测电压1路或2路的输入电压 A/B/C/或 AB/BC/AC,再用钳形表调整到交流电流挡,测三相电流,如图4—8所示。按要求填写在表格内。

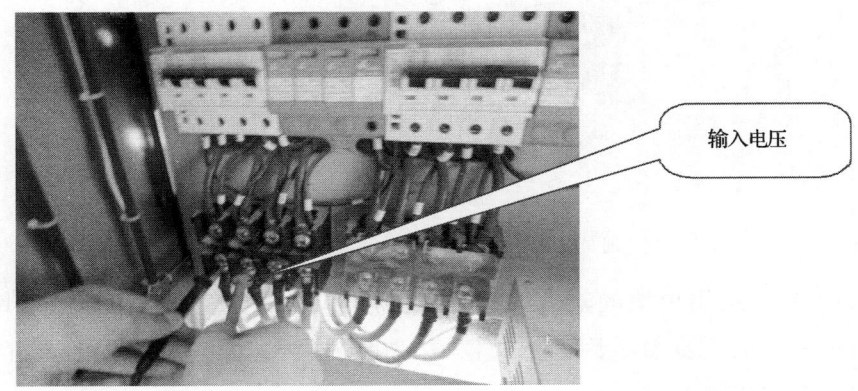

图4—8 步骤4

步骤5 测直流输出电压电流,将万用表调整到直流电压挡,测直流的输出电压,再用钳形表调整到直流电流挡,测输出电流,如图4—9所示。按要求填写在表格内。

图4—9 步骤5

步骤6 测交流输出电压电流,将万用表调整到交流电压挡,测交流的输出电压,再用钳形表调整到交流电流挡,测输出电流。按要求填写在表格内,如图4—10所示。

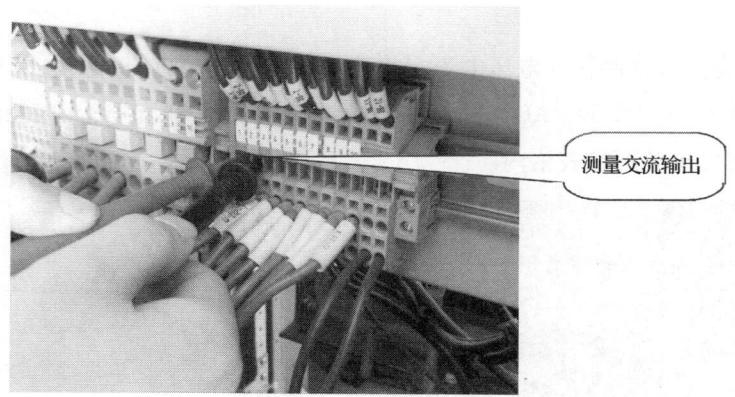

图4—10 步骤6

步骤7 断开主用模块的输入开关,将主用模块关闭,切换到备用模块工作,按测量输出电压电流步骤再测试一次,填写在表格内,测好要推上输入开关恢复主用模块工作,如图4—11所示。

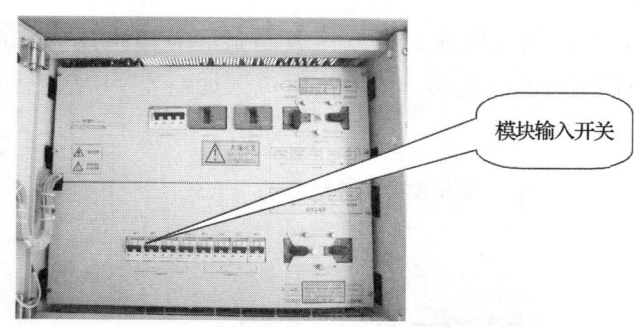

图4—11 步骤7

理论知识复习题

一、判断题(将判断结果填入括号中。正确的填"√",错误的填"×")

1. 中型电源屏容量在5 kV·A以上。　　　　　　　　　　　　　　　　(　　)
2. 小型电源屏容量在2.5 kV·A以上。　　　　　　　　　　　　　　　(　　)
3. 大型电源屏容量在10 kV·A以上。　　　　　　　　　　　　　　　(　　)
4. 大站调压屏只能自动调整三相不平衡电压的有效值接近额定电压。(　　)

5. 整流器输出端均加有 RC 波涌吸收电路,以防止整流元件过电压击穿。（   ）

6. PZDT-15/380/50 智能铁道信号电源屏直流屏由两路电源转换系统、监控单元、监测量转换单元、防雷单元及直流开关电源模块等组成。（   ）

7. 电源屏根据其容量分为大型电源屏,容量 10 kV·A 以上;中型电源屏,容量 5 kV·A 以上;小型电源屏,容量 2.5 kV·A 以上。（   ）

8. 电源屏根据其容量分为大型电源屏,容量 20 kV·A 以上;中型电源屏,容量 10 kV·A 以上;小型电源屏,容量 5 kV·A 以上。（   ）

9. PDZ 智能型综合信号电源系统采用先进的两路交流电源输入的"H"形供电控制电路。正常情况下,两路电源同时供电。（   ）

10. 鼎汉 PDZ 智能型综合电源屏系统可分为主回路、防雷、智能监测三大功能板块,采用"H"形切换系统。（   ）

11. 鼎汉 PDZ 智能型综合电源屏系统可分为主回路、防雷、智能监测三大功能板块,采用"Y"形切换系统。（   ）

12. 信号电源屏两路进电转换断电时间应不大于 0.15 s。（   ）

13. 信号电源屏两路进电转换断电时间应不大于 0.5 s。（   ）

14. UPS 的基本功能有不间断供电功能,稳压稳频功能,市电净化功能。（   ）

15. UPS 的基本功能有不间断供电功能,稳压稳流功能,市电净化功能。（   ）

16. 正常情况下蓄电池组处于浮充备用状态,在交流输入失电的情况下,蓄电池向后级系统提供能量。（   ）

17. 环境温度对 UPS 电池的影响较大,环境温度过低,会使电池过充电产生气体。（   ）

18. UPS 输出负载控制在 80% 左右为最佳,可靠性最好。（   ）

19. 电缆与高压输电线铁塔、电力杆（包括拉线）在土壤电阻率 >500 Ω·m 时光（电）缆与大树允许最小间距为 30 m。（   ）

20. 干线电缆的防雷保护系统接地电阻宜小于 5 Ω,困难地区不应大于 6 Ω。（   ）

21. 电气化区段干线电缆的屏蔽地线接地电阻应小于 5 Ω,在通信站应小于 1 Ω。（   ）

22. 光缆线路不设金属护套屏蔽地线。（   ）

23. 与电气化铁路平行接近长度超过 1 km 时,其主干电缆（或平行接近段）两端应设电缆屏蔽接地。（   ）

二、单项选择题（选择一个正确的答案，将相应的字母填入题内的括号中）

1. 大站电源屏容量至少为（　　）以上。
　　A. 10 kV·A　　B. 15 kV·A　　C. 20 kV·A　　D. 25 kV·A

2. 三相交流输出电源应确保相序正确，若相序错误，应（　　）。
　　A. 报警　　B. 断电　　C. 正常工作　　D. 自动纠正

3. 电流互感器二次侧不得开路，并应可靠（　　）。
　　A. 接地　　B. 串联　　C. 并联　　D. 接零

4. 大站调压屏发生故障时，可（　　）切除调压屏，由交流电网直接供电。
　　A. 自动　　B. 手动　　C. 断开　　D. 远程控制

5. 现在主流电源屏为（　　）电源屏。
　　A. 电子式　　B. 稳压式　　C. 机械式　　D. 调压式

6. 两路电源（　　）转换采用中性点位移电路。
　　A. 断相　　B. 逆相　　C. 断电　　D. 欠压

7. 两路电源工作情况通过外线送出（　　）接点条件给控制台，以利于车务人员随时了解掌握。
　　A. 接触器　　　　　　B. 空气开关
　　C. 安全型继电器　　　D. 小型继电器

8. 三相感应调压器是借助传动机构，使定子、转子产生相对角位移。从而改变定子或转子绕组感应电势的（　　），并借助自耦式线路连接，来达到调节输出电压的目的。
　　A. 电位差　　B. 相位　　C. 电压　　D. 电流

9. 大站交直流屏是完成对交直流供电的（　　）和变压。
　　A. 隔离　　B. 整流　　C. 输出　　D. 恒流

10. 智能化电源屏的效率较高，在20%负载时，效率（　　）。
　　A. ≥95%　　B. ≥90%　　C. ≥85%　　D. ≥80%

11. 智能化电源屏模块采用（　　）温升低，满载工作温升不超过40℃，对环境调节的适应力强。
　　A. 风冷　　B. 自然冷却　　C. 水冷　　D. 油冷

12. 直流输出电路由（　　）EMI滤波等电路组成。
　　A. 低频整流滤波　　　B. 高频整流滤波
　　C. 工频整流滤波　　　D. RC整流滤波

13. 潮湿绝缘：当温度为 –5～40℃，相当湿度为90%时，电源系统的输入、输出端子单线对地间的绝缘电阻应不小于（　　）。

  A. 2 MΩ B. 3 MΩ C. 1 MΩ D. 0.5 MΩ

14. 继电器电源、站间联系电源采用（　　）冗余热备工作方式配置。

  A. 2+1 B. 1+1 C. $n+1$ D. $n+m$

15. 鼎汉 PDZ 智能型综合电源屏系统可分为（　　）三大功能板块，采用"H"形切换系统。

  A. 主回路、防雷、副回路 B. 主回路、副回路、智能监测

  C. 主回路、防雷、漏电保护 D. 主回路、防雷、智能监测

16. 鼎汉 PDZ 智能型综合电源屏系统可分为主回路、防雷、智能监测三大功能板块，采用（　　）切换系统。

  A. "H"形 B. "Y"形 C. 双"Y"形 D. "L"形

17. 信号电源屏两路进电转换断电时间应不大于（　　）。

  A. 2 s B. 1 s C. 0.5 s D. 0.15 s

18. 信号电源屏两路进电转换断电时间应（　　）0.15 s。

  A. 不小于 B. 不大于 C. 小于 D. 大于

19. 电源屏根据其容量分为（　　）电源屏，容量 10 kV·A 以上；（　　）电源屏，容量 5 kV·A 以上；（　　）电源屏，容量 2.5 kV·A 以上。

  A. A 型，B 型，C 型 B. 大型，中型，小型

  C. Ⅰ型，Ⅱ型，Ⅲ型 D. 中型，小型，微型

20. 电源屏根据其容量分为大型电源屏，容量（　　）以上；中型电源屏，容量（　　）以上；小型电源屏，容量（　　）以上。

  A. 20 kV·A，15 kV·A，10 kV·A

  B. 15 kV·A，10 kV·A，5 kV·A

  C. 10 kV·A，7.5 kV·A，5 kV·A

  D. 10 kV·A，5 kV·A，2.5 kV·A

21. 目前主要应用的 UPS 是（　　）UPS。

  A. 动态式 B. 静态式 C. 内燃机式 D. 交互式

22. 使用 UPS 是一种提高（　　）的技术措施。

  A. 供电范围 B. 供电容量 C. 供电质量 D. 工作效率

23. UPS 可以分为（　　）两大类。

A. 动态式和稳态式　　　　　　B. 动态式和静态式

C. 常规式和动态式　　　　　　D. 交互式和动态式

24. 在线式 UPS 电源中，各部分正常工作情况下，负载得到的是由（　　）输出的高质量的正弦波电源。

A. 稳压器　　B. 变压器　　C. 逆变器　　D. 整流器

25. 对一些较精密的设备、较重要的设备要求采用（　　）UPS。

A. 后备式　　B. 在线式　　C. 在线交互式　　D. 动态式

26. 正常情况下蓄电池组处于（　　）状态，在交流输入失电的情况下，蓄电池向后级系统提供能量。

A. 浮充在线　　B. 均充备用　　C. 浮充备用　　D. 均充在线

27. 正常情况下蓄电池组处于浮充备用状态，在（　　）的情况下，蓄电池向后级系统提供能量。

A. 交流输入正常　　　　　　B. 交流输入电压超限

C. 交流输入不稳　　　　　　D. 交流输入失电

28. UPS 都有电池低电位保护功能，一般单节电池放电至（　　）左右时，UPS 就会自动关机。

A. 10 V　　B. 10.5 V　　C. 12 V　　D. 11 V

29. 由于 UPS（　　）属于备用工作方式，市电正常情况下处于充电状态，只有停电时才会放电。

A. 电池　　B. 逆变器　　C. 整流器　　D. 变压器

30. 放电深度对 UPS 电池使用寿命的影响也非常大，电池放电深度越（　　），其循环使用次数就越（　　）。

A. 深，多　　B. 深，少　　C. 浅，多　　D. 浅，少

31. 长期停用的电池（UPS）应（　　）后储存。

A. 放电　　B. 充电　　C. 包装　　D. 密封

32. UPS 切勿带（　　）负载。

A. 感性　　B. 容性　　C. 阻性　　D. 以上都行

33. UPS 带载过轻（如 1 kV·A UPS 带 150 V·A 负载）有可能造成电池的（　　），应尽量避免。

A. 深度放电　　　　　　　　B. 适度放电

C. 浅度放电　　　　　　　　D. 不放电

34. UPS 的基本功能有不间断供电功能、（　　）功能、市电净化功能。

   A．稳压稳流　　B．稳流稳相　　C．稳流稳频　　D．稳压稳频

35. UPS 的基本功能有不间断供电功能、稳压稳流功能、（　　）功能。

   A．市电平化　　B．市电弱化　　C．市电净化　　D．市电强化

36. 电缆敷设时的附加长度，规定室内储备量为（　　）。

   A．1 m　　　　B．2 m　　　　C．5 m　　　　D．7 m

37. 电缆敷设时的附加长度，规定室外每端环状储备量为（　　）。

   A．2 m　　　　B．1 m　　　　C．5 m　　　　D．7 m

理论知识复习题答案

一、判断题

1. √　2. √　3. √　4. ×　5. √　6. √　7. √　8. ×　9. √
10. √　11. ×　12. √　13. ×　14. √　15. ×　16. √　17. ×　18. ×
19. ×　20. ×　21. ×　22. ×　23. ×

二、单项选择题

1. A　2. A　3. A　4. B　5. A　6. A　7. A　8. B　9. A
10. B　11. B　12. B　13. C　14. B　15. D　16. A　17. D　18. B
19. B　20. D　21. B　22. C　23. B　24. C　25. B　26. D　27. D
28. B　29. A　30. B　31. B　32. A　33. A　34. D　35. C　36. C
37. A

理论知识考试模拟试卷及答案

城轨信号工（四级）理论知识试卷

注 意 事 项

1. 考试时间 60 min。
2. 请首先按要求在试卷的标封处填写您的姓名、准考证和所在单位的名称。
3. 请仔细阅读各种题目的回答要求，在规定的位置填写您的答案。
4. 不要在试卷上乱写乱画，不要在标封区填写无关的内容。

	一	二	总分
得分			

得 分	
评分人	

一、判断题（第 1 题～第 35 题，将判断结果填入括号中，正确的填"√"，错误的填"×"；每题 1 分，共 35 分）

1. 无缝线路是把许多根标准钢轨连接起来的线路。　　　　　　　　（　　）
2. TETRA 系统支持移动台之间或调度台与移动台之间的选呼，当处于选呼状态时，仅通话双方可以听到通信内容。　　　　　　　　　　　　　　　（　　）
3. 异步电动机采用的交流调频调压（VVVF）技术被公认为是城市轨道车辆调速系统中性能最优越的传动控制方式。　　　　　　　　　　　　　　　（　　）
4. 地铁全部采用统一的限界标准值。　　　　　　　　　　　　　　（　　）
5. 出段（场）信号机采用三显示机构，红、绿、带调车白灯。　　　（　　）
6. 足够的拉力，以带动基本轨做直线往返运动；当基本轨受阻不能运动到底时，应随时通过操纵使基本轨恢复原位。　　　　　　　　　　　　　　　（　　）
7. ZD6－D 型转辙机的主要特点之一是扩大了表示杆动程的可调范围。（　　）
8. ZD6－E 转辙机表示杆动程为（165＋2）mm。　　　　　　　　　（　　）

9. 轨道上各点的分路灵敏度是一样的。   （   ）
10. 送电端轨道变压器二次侧输出电压近似于限流电阻压降与送电端轨面电压之和，在变压器二次侧电压输出正常的情况下，轨面电压偏高可判为开路故障。（   ）
11. AF－904 轨道电路 CPU 板 34#错误的意义是方向继电器故障。   （   ）
12. 当列车穿过或停在信标上方时，MTIB 允许列车初始化车载 SACEM 的位置。
                                                                （   ）
13. 带环线的轨道耦合线圈包括传输控制模块、报文存储模块、环线控制模块。
                                                                （   ）
14. 进路与进路之间存在着两种不同性质的联锁关系：一是抵触进路，二是敌对进路。   （   ）
15. US&S ATC 系统双线圈安全继电器一个线圈连接到在线联锁 MicroLok 单元的一块输出 PCB，另一个线圈连接到备用联锁 MicroLok 单元的同一块输出 PCB。（   ）
16. 三块 ELH 分别对应 ATC、SACEM、FSFB 网络。   （   ）
17. 在双向自动闭塞区段，它是相邻两站间（集中有岔站）闭塞关系的基础。
                                                                （   ）
18. GRS ATP 模块的振荡板上有 3 个开关。   （   ）
19. GRS 四英尺调谐环线的功能是在联锁区内发送速度命令。   （   ）
20. GRS 长环线的功能是在道岔区段的渡线上发送速度命令。   （   ）
21. 非安全控制器逻辑是 MicroLok Ⅱ 系统功能之一。   （   ）
22. MicroLok Ⅱ 通信系统的基本要素之一是隔离和防护。   （   ）
23. USSI TWC 系统支持轨旁应用非安全，双方向轨旁通信。   （   ）
24. DTC921 轨道电路的功能是列车检测，发送 SECEM 报文通道。   （   ）
25. ESYMOD 与 ECUP3 固定在同一块板子上，其作用是布尔逻辑运算。   （   ）
26. 防护进路需要调度员手动操作。   （   ）
27. 所有 ATS 系统打印设备都有自检功能。   （   ）
28. 地铁 USSI 工作站上，当列车的车次号为绿色时，表示该列车处于人工 ATP 驾驶方式。   （   ）
29. 地铁 USSI 的工作站上，站台灯显示闪烁的黄色，则表示该站台的列车处于人工扣车状态。   （   ）
30. UNIX 系统为用户提供了面向操作的接口和面向程序的接口。   （   ）
31. 在 US&S 车载设备中，英文缩写 ND 在车载中代表的含义是无牵引。 （   ）

32. 安全开门不是一个安全的 ATP 保证功能。　　　　　　　　　　　（　　）
33. UPS 输出负载控制在 80% 左右为最佳,可靠性最好。　　　　　　（　　）
34. 每千米绝缘电阻值是换算为 1 km 长电缆的实际绝缘电阻值,其换算公式为 $R = 0.01\ LR_m$。　　　　　　　　　　　　　　　　　　　　　　　（　　）
35. 干线电缆的防雷保护系统接地电阻宜小于 5 Ω,困难地区不应大于 6 Ω。
　　　　　　　　　　　　　　　　　　　　　　　　　　　　　　（　　）

二、单选题（第 36 题～第 100 题,选择一个正确的答案,将相应的字母填入题内的括号中；每题 1 分,共 65 分）

36. 高架线路主要由（　　）、整体道床、混凝土支撑块、钢轨、扣件、钢轨连接零件等组成。
　　　A. 隧道　　　　B. 高架桥　　　　C. 路基　　　　D. 车站
37. 每千米轨道对迷流收集网的泄漏电阻值要求大于（　　）。
　　　A. 10 Ω　　　B. 20 Ω　　　C. 30 Ω　　　D. 40 Ω
38. 上海城轨交通专用无线系统目前采用的是（　　）数字集群无线系统。
　　　A. GSM　　　B. CDMA　　　C. GPRS　　　D. TETRA
39. （　　）不是辅助供电系统的主要负载。
　　　A. 低压电源　　B. 客室照明　　C. 设备通风机　　D. 牵引电动机
40. （　　）不是地铁车辆段信号控制系统的功能。
　　　A. 进路控制　　B. 维修管理　　C. 列车编组　　D. 车辆调度
41. 对照结配线图时要按照（　　）的顺序。
　　　A. 从左到右、自上而下　　　　B. 从右到左、自上而下
　　　C. 从左到右、自下而上　　　　D. 从右到左、自下而上
42. JWJXC – H125/0.44 前接点压力大于（　　）N。
　　　A. 0.147　　　B. 0.29　　　C. 3　　　D. 15
43. 安全型继电器的接点片弹性减弱,接点压力降低,会使继电器的工作值和落下值（　　）。
　　　A. 工作值升高,落下值降低　　B. 都不变
　　　C. 工作值降低,落下值升高　　D. 都升高
44. ZYJ7 – GZ 式液压转辙机的后机表示缺口应为（　　）mm。
　　　A. 2 ±1.5　　B. 3 ±1.5　　C. 4 ±1.5　　D. 4.5 ±1.5
45. 电液转辙机的（　　）用于调节主机和副机的同步。

A. 流量调节阀　　B. 溢流阀　　C. 单向阀　　D. 启动油缸

46. 短轨道电路的长度应在（　　）。

　　A. 5 m 以下　　B. 50 m 以下　　C. 500 m 以下　　D. 1 000 m 以下

47. 方向电缆盒端子的编号，面对信号楼以"（　　）点钟"位置为1号，顺时针方向依次编号。

　　A. 1　　B. 3　　C. 6　　D. 9

48. 调谐在 TWC 的中心频率（　　）。

　　A. 7 650 Hz　　B. 8 650 Hz　　C. 9 650 Hz　　D. 6 650 Hz

49. （　　）速度选择频率发生板，根据速度选择逻辑的输入，产生不同的低频，速度选择逻辑的轨道电路阻抗连接器。

　　A. 码率板　　B. 振荡板　　C. 功放板　　D. 接收板

50. RX/TX 板内部（　　）跳线是用于轨道电路倒方向的。

　　A. p1　　B. CAVO1　　C. p25　　D. p10

51. 一个计轴区段检测到的计轴数为（　　），表明该计轴区段处于占用状态。

　　A. 0　　B. ＜1　　C. ≥1　　D. −1

52. 停站信标器由两对分别离车站站台中线（　　）m 和 150 m 远的信标线圈和一个离终止点 25 m 的线圈组成。

　　A. 250　　B. 300　　C. 350　　D. 400

53. （　　）不是进路按用途划分的进路分类。

　　A. 接车进路　　B. 发车进路　　C. 防护进路　　D. 调车进路

54. 信号工作人员检修作业及处理故障时严禁甩开（　　）条件，借用电源动作设备。

　　A. 必要　　B. 联锁　　C. 已知　　D. 需要

55. 列车或车列越过了进路中的全部道岔区段后，各个道岔和敌对进路同时一次解锁，称为（　　）。

　　A. 一次解锁　　B. 延时解锁　　C. 分段解锁　　D. 故障解锁

56. 下列印制电路板中（　　）在更换时不需要改变任何配置。

　　A. VRD 板　　B. VSC 板　　C. CSEX 板　　D. CPU/PD 板

57. FFJ 继电器中文名称为（　　）。

　　A. 发车锁闭继电器　　　　B. 主/正方向方向继电器
　　C. 反方向方向继电器　　　D. 列车信号继电器

58. JQJ 继电器中文名称为（　　）。
    A. 方向继电器　　　　　　　　　　B. 监督区间占用继电器
    C. 改变方向继电器　　　　　　　　D. 改变方向复示继电器

59. 不属于点式信号系统的结构组成是（　　）。
    A. 地面应答器
    B. 道旁电子单元 LEU（又称为信号接口）
    C. TWC 环线
    D. 车载设备

60. GRS 音频轨道电路列车检测信号的调制频率是（　　）。
    A. 1 Hz、2 Hz　　B. 2 Hz、3 Hz　　C. 3 Hz、4 Hz　　D. 4 Hz、5 Hz

61. GRS 无源标志线圈共有（　　）种设计频率。
    A. 4　　　　　　B. 5　　　　　　C. 6　　　　　　D. 7

62. GRS ATO 模块振荡板的 R201 可变电阻顺时针转动用来（　　）对位天线发送信号。
    A. 增强　　　　　B. 减弱　　　　　C. 调大　　　　　D. 调小

63. GRS ATO 模块 6 车继电器或 8 车继电器励磁吸起的作用是（　　）。
    A. 控制车门打开　　　　　　　　　B. 控制车门关闭
    C. 控制屏蔽门打开　　　　　　　　D. 控制屏蔽门关闭

64. GRS 8 m 标志器的载频是（　　）。
    A. 2 250 Hz　　B. 9 650 Hz　　C. 13 235 Hz　　D. 14 351 Hz

65. （　　）比特是发送到站台轨道电路和与它相邻的轨道电路的。这个比特告诉列车它已停在站台范围内。
    A. 下一个载频　　B. 停车　　　　C. 目标速度　　　D. 轨道电路 ID

66. AF-904 轨道电路中，MicroLok Ⅱ 决定了（　　）位数据中的绝大多数信息。
    A. 35　　　　　B. 36　　　　　　C. 37　　　　　　D. 38

67. AF-904 轨道电路采用了（　　）接收轨道联锁系统传送的异步安全信息。
    A. CPU　　　　B. MCU　　　　　C. PLC　　　　　D. GPU

68. MicroLok Ⅱ 中安全断电继电器是（　　）。
    A. NWZR　　　B. RWZR　　　　C. LR　　　　　　D. VCOR

69. NVLE 子系统执行所有本地（　　）功能和非安全逻辑的完成。
    A. ATS　　　　B. ATP　　　　　C. ATO　　　　　D. TWC

70. USSI TWC 的 RX－TX PCB 板上的（　　）可调电位器可以调节输出载波电平。
    A. R33　　　　B. R92　　　　C. R65　　　　D. R95
71. TWC 系统中 CTD 是用于（　　）。
    A. 向钢轨发送信息　　　　　　B. 接收来自列车的信息
    C. 发送轨道占用码　　　　　　D. 电源模块
72. DTC921 轨道电路 S－Bond 除了能发送信息外，另一个功能是（　　）。
    A. 均衡两根钢轨之间的频率　　B. 均衡两根钢轨之间的牵引回流
    C. 均衡两根钢轨之间的负载　　D. 保持两根钢轨之间的距离
73. VPI2 型联锁中诊断系统简称为（　　）。
    A. SDM　　　　B. ATC　　　　C. FSFB　　　　D. MMS
74. iLOCK 型联锁系统中 VPS 板的作用是（　　）。
    A. 对系统进行全面的安全检查　B. 提供系统工作电源
    C. 安全信号输出　　　　　　　D. 执行各种与联锁相关的逻辑操作
75. 以下对 iLOCK 型联锁描述正确的是（　　）。
    A. iLOCK 采用的是双机热备的冗余方式
    B. iLOCK 采用的是三取二的冗余方式
    C. iLOCK 采用的是二乘二取二的冗余方式，两个 CPU 采用相同运算方式
    D. iLOCK 采用的是二乘二取二的冗余方式，两个 CPU 相互独立工作，采用不同运算方式和数据
76. 目的地触发进路与（　　）。
    A. 目的地有关　　　　　　　　B. 目的地无关
    C. 时刻表有关　　　　　　　　D. 与车站控制有关
77. 轨道非预期占用属于（　　）状态报警。
    A. 信号设备　　B. 列车运行　　C. ATS 系统工作　D. 车载设备
78. 在星形局域网结构中，连接文件服务器与工作站的设备是（　　）。
    A. 调制解调器　B. 网桥　　　　C. 路由器　　　　D. 集线器
79. Alstom 系统列车描述符合第二、三位黄色表示（　　）。
    A. 正点计划列车　B. 晚点计划列车　C. 非计划列车　D. 早点计划列车
80. Alstom 系统对循环模式描述不正确的是（　　）。
    A. 相应信号机为手动模式
    B. 当列车完全进入折返区段，第一条进路自动解锁，信号关闭

C. 当列车踏入折返区段轨道电路 55 s 后，并且第一条进路解锁，第二条进路（折返进路）可以被排列

D. 列车顺序出清折返进路所有轨道电路后，折返进路自动解锁，信号关闭，完成一次折返

81. Alstom 系统回放的"查看"菜单不包括（　　）功能。
　　A. 显示轨道名　　B. 显示报警　　C. 显示系统时间　D. 显示命令

82. Alstom 系统 ATS 服务器操作系统和数据库所在的分区应不小于（　　）的空闲空间。
　　A. 0.5 GB　　　　B. 1 GB　　　　C. 2 GB　　　　D. 3 GB

83. 在 GRS 车载设备中，VCDF 板从钢轨上接收到的机车信号（　　）载波频率调制的速度限制命令。
　　A. 21 945 Hz　　B. 2 250 Hz　　C. 13 235 Hz　　D. 14 351 Hz

84. 在 GRS 车载设备中，ATO 模块 PCB 板共有（　　）块。
　　A. 7　　　　　　B. 5　　　　　　C. 10　　　　　　D. 8

85. 在 GRS 车载设备中，双通道速度传感器的两通道输出脉冲相位差（　　）。
　　A. 45°　　　　　B. 90°　　　　　C. 120°　　　　　D. 180°

86. ADU 面板上的"DISPLAY MODE"按钮开关的作用是（　　）。
　　A. 用于切换目标速度和列车长度
　　B. 用于灯光测试
　　C. 用于切换目标距离、列车车次号和目的地号
　　D. 用于列车出发

87. 每一个 ATP 单元并行连接 ATP 接收线圈、状态显示单元和（　　）设备。
　　A. TWC 天线　　B. ADU 辅助盘　　C. 速度传感器　　D. 连接盒

88. 车载 MR 设备与轨旁 AP 建立了对等无线中断后，会出现（　　）状况。
　　A. ADU 面板上"*"灯常亮　　　　　B. ADU 面板上"*"灯闪亮
　　C. 车门和屏蔽门同时打开　　　　　D. 车门和屏蔽门同时关闭

89. 上海轨道交通 3 号线车载系统定位后连续丢失两个信标会（　　）。
　　A. 保持定位　　B. 紧急制动　　C. 失去定位　　D. 常用制动

90. 上海轨道交通 3 号线车载编码里程计编码顺序被记录在（　　）中。
　　A. RAM　　　　B. CDROM　　　C. PROM　　　　D. SDRAM

91. 西门子列车，按压 RMO 按钮后，RMO 模式无法建立，CES 板上的 E5 灯在

RMO 按下时是否点亮，如果不亮，应该检查保险丝（　　）。

  A. F8   B. F19   C. F17   D. F14

92. Alstom 列车车载 ATC 设备板卡中可以观察列车是否停稳定的是（　　）。

  A. CSS 板 R3、R4；CES 板 E8、E9；CVL 板 QVA、QVA2

  B. CSS 板 R3、R4；CES 板 E12

  C. CVL 板 QVA、QVA2；CES 板 E6、E7

  D. CES 板 E8、E9；CMR 板 E1、E2

93. 在日检中，当车载 SACEM 完成自检后，速度表上的实际速度和目标速度分别为（　　）。

  A. 80 km/h，40 km/h   B. 70 km/h，40 km/h

  C. 85 km/h，45 km/h   D. 80 km/h，35 km/h

94. 三相感应调压器是借助传动机构，使定子、转子产生相对角位移。从而改变定子或转子绕组感应电势的（　　），并借助自耦式线路连接，来达到调节输出电压的目的。

  A. 电位差   B. 相位   C. 电压   D. 电流

95. 潮湿绝缘：当温度为 $-5 \sim 40 ℃$，相当湿度为 90% 时，电源系统的输入、输出端子单线对地间的绝缘电阻应不小于（　　）。

  A. $2\ M\Omega$ B. $3\ M\Omega$ C. $1\ M\Omega$ D. $0.5\ M\Omega$

96. 信号电源屏两路进电转换断电时间应不大于（　　）。

  A. 2 s   B. 1 s   C. 0.5 s   D. 0.15 s

97. 由于 UPS（　　）属于备用工作方式，市电正常情况下处于充电状态，只有停电时才会放电。

  A. 电池   B. 逆变器   C. 整流器   D. 变压器

98. 电缆敷设时的附加长度，规定室内储备量为（　　）。

  A. 1 m   B. 2 m   C. 5 m   D. 7 m

99. 铁路信号电缆的允许弯曲半径：（　　）应不小于电缆外径的 10 倍；（　　）应不小于电缆外径的 15 倍。

  A. 非铠装电缆，铠装电缆   B. 铠装电缆，非铠装电缆

  C. 屏蔽电缆，非屏蔽电缆   D. 非屏蔽电缆，屏蔽电缆

100. 干线电缆的防雷保护系统接地电阻宜小于（　　），困难地区不应大于 $10\ \Omega$。

  A. $5\ \Omega$ B. $4\ \Omega$ C. $2\ \Omega$ D. $3\ \Omega$

城轨信号工（四级）理论知识试卷答案

一、判断题（第1题~第35题，将判断结果填入括号中，正确的填"√"，错误的填"×"；每题1分，共35分）

1. ×　2. √　3. √　4. ×　5. √　6. ×　7. √　8. ×　9. ×
10. √　11. ×　12. √　13. √　14. √　15. √　16. ×　17. √　18. ×
19. ×　20. √　21. √　22. √　23. √　24. √　25. ×　26. ×　27. √
28. √　29. √　30. √　31. √　32. ×　33. ×　34. ×　35. ×

二、单项选择题（第36题~第100题，选择一个正确的答案，将相应的字母填入题内的括号中；每题1分，共65分）

36. B　37. A　38. D　39. D　40. C　41. A　42. A　43. D
44. C　45. A　46. B　47. A　48. C　49. A　50. B　51. C
52. C　53. C　54. B　55. A　56. A　57. C　58. B　59. C
60. B　61. D　62. C　63. C　64. D　65. B　66. C　67. B
68. D　69. C　70. C　71. A　72. B　73. A　74. A　75. D
76. A　77. A　78. D　79. B　80. C　81. C　82. D　83. B
84. B　85. B　86. C　87. C　88. B　89. C　90. C　91. C
92. A　93. A　94. B　95. C　96. D　97. A　98. C　99. A
100. A

操作技能考核模拟试卷

注 意 事 项

1. 考生根据操作技能考核通知单所列的试题,做好考试准备。
2. 请考生仔细阅读试题单中具体考核内容和要求,并按要求完成操作。
3. 操作技能考核时要遵守考场纪律,服从考场管理人员指挥,以保证考核安全顺利进行。

注:操作技能鉴定试题评分表及答案是评考员对考生考核过程及考核结果的评分记录表,也是评分依据。

国家职业资格鉴定
城轨信号工(四级)操作技能考核试题单

试题 1

试题代码:1.1.3

试题名称:ZYJ7-GZ 式液压转辙机液流压力调整

考核时间:30 min

配分:50 分

试题 2

试题代码:2.1.3

试题名称:用 FSK 软件录取轨道电路数据

考核时间:30 min

配分:30 分

试题 3

试题代码:3.1.1

试题名称:继电器普通接点压力的测量及调整

考核时间:30 min

配分:20 分

城轨信号工（四级）
试题单

试题代码：1.1.3

试题名称：ZYJ7-GZ 式液压转辙机液流压力调整

考核时间：30 min

1．操作条件
（1）ZYJ7-GZ 式液压道岔一组。
（2）液压道岔标配工具一套。

2．操作内容
（1）在液压站内启动油缸上接入两块油压表。
（2）电操道岔测量定反位液流压力并调整到标准范围内。
（3）调整完毕后，电操道岔检查定反位表示缺口符合标准。

3．操作要求
（1）能正确接入油压表。
（2）能正确掌握液流阀工作原理及液流压力标准。
（3）能正确调整定反位液流压力。
（4）能正确检查表示缺口符合标准。

城轨信号工（四级）
试题评分表

考生姓名：　　　　准考证号：　　　　考核时间：30 min

序号	评价要素	配分	等级	评分细则	评定等级 A	B	C	D	E	得分
1	正确接入两块油压表	5	A	能正确有效接入油压表						
			B							
			C							
			D	无效接入						
			E	未答题						
2	定位液流压力调整	15	A	能正确调整定位液流压力至标准范围内并读出液流压力						
			B	漏一项						
			C	漏两项						
			D							
			E	未答题						
3	反位液流压力调整	15	A	能正确调整反位液流压力至标准范围内并读出液流压力						
			B	漏一项						
			C	漏两项						
			D							
			E	未答题						
4	检查定反位表示缺口符合标准	10	A	能正确检查前、后机定反位表示缺口						
			B	漏一项						
			C	漏两项						
			D							
			E	未答题						

续表

评价要素	配分	等级	评 分 细 则	评定等级					得分
				A	B	C	D	E	
5 安全生产	5	A	完全做到安全生产						
		B	漏一项						
		C	漏两项						
		D							
		E	未答题						
合计配分	50		合计得分						

城轨信号工（四级）
试题单

试题代码：2.1.3

试题名称：用 FSK 软件录取轨道电路数据

考核时间：30 min

1. 操作条件
（1）一辆装载有车载 ATC 机架和 MR 系统的列车停在试车线。

（2）试车线轨旁信号开放。

2. 操作内容
（1）使用 FSK 软件记录数据，正确保存。

（2）读取部分数据内容，写在答题纸上。

3. 操作要求
（1）熟知软件菜单，完成操作。

（2）操作时严格按照操作规程来完成。

城轨信号工（四级）
试题评分表

考生姓名：　　　　　准考证号：　　　　　考核时间：30 min

	评价要素	配分	等级	评 分 细 则	评定等级					得分
					A	B	C	D	E	
1	准备工作（工具齐全，检查测试工具状态）	5	A	完成准备工作						
			B	漏一项						
			C	漏两项						
			D	漏两项以上						
			E	未完成						
2	确认设备状态（计算机与设备连接工作）	5	A	确认设备状态						
			B	漏一项						
			C	漏两项						
			D	漏两项以上						
			E	未答题						
3	FSK 数据下载和读取	15	A	完成操作						
			B	漏一项						
			C	漏两项						
			D	漏三项						
			E	未答题						
4	安全生产：（1）工具、仪表完好无损（2）操作时工具、仪表摆放统一整齐	5	A	完全做到安全生产						

续表

评价要素		配分	等级	评 分 细 则	评定等级 A B C D E	得分
4	（3）考试结束工作场地清洁卫生良好 （4）遵守安全规章	5	B	漏一项		
			C	漏两项		
			D			
			E	未答题		
合计配分		30		合计得分		

考评员（签名）：

等级	A（优）	B（良）	C（尚可）	D（差）	E（未答题）
比值	1.0	0.8	0.6	0.2	0

"评价要素"得分 = 配分 × 等级比值。

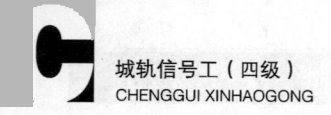

城轨信号工（四级）
试题单

试题代码：3.1.1

试题名称：继电器普通接点压力的测量及调整

考核时间：30 min

1．操作条件
（1）XAJ-6 继电器测试台。

（2）JWXC-1700。

（3）工具。

2．操作内容
（1）准备工作。

（2）拆卸、清洁 JWXC-1700。

（3）调整机械特性（只对一组接点操作）。

（4）JWXC-1700 封装。

3．操作要求
（1）正确使用工具，拆卸 JWXC-1700 继电器。

（2）正确选用测力计的规格，对 JWXC-1700 继电器进行机械特性的调整。

城轨信号工（四级）
试题评分表及答案

考生姓名：　　　　准考证号：　　　　考核时间：30 min

评价要素		配分	等级	评分细则	评定等级					得分
					A	B	C	D	E	
1	准备工作 （一字旋具、测力计、调整钳、塞尺）	5	A	正确						
			B	缺少一件工具						
			C	缺少两件工具						
			D							
			E	未答题						
2	拆卸、清洁 JWXC-1700 （酒精、调整钳、麂皮、毛刷、砂纸）	5	A	正确						
			B	缺一项						
			C	缺两项						
			D	缺三项						
			E	未答题						
3	调整机械特性 （选择适当的压力计、读出正确的压力值、调整接点压力、调整接点齐度）	5	A	正确						
			B	缺一项						
			C	缺两项						
			D	缺三项						
			E	未答题						
4	继电器的封装 （清洁外罩、一字旋具、封印）	5	A	正确						
			B	缺一项						
			C	缺两项						
			D	缺三项						
			E	未答题						
合计配分		20		合计得分						

考评员（签名）：

等级	A（优）	B（良）	C（尚可）	D（差）	E（未答题）
比值	1.0	0.8	0.6	0.2	0

"评价要素"得分＝配分×等级比值。